教職課程新書

今、先生ほど魅力的な仕事はない！

藤岡達也　編著

協同出版

はじめに――教職を戸惑っているあなたから、スーパーティーチャーを目指すあなたまで

本書は、将来教員になったり、教育大学・教育学部等に進学したりすることを考えている若い人達への啓発、奨励を意図した書籍です。既刊の教職課程新書『改訂版先生になりたいあなたへ―教員採用試験の突破から成長し続ける教師を目指す人に―』の導入書とも言えるかもしれません。

昨今、教職は「働き方改革」とは無縁なブラックな職業と考えられたり、せっかく教育大学等や教職課程を持つ大学に入学したのに、学校現場での大変な状況を報道や身近な人から聞くと少し不安になってきたりしてしまう学生がいます。教育実習等の経験から自分には先生という仕事は向いていないのではと、教職に就くのに消極的に

なりかける学生も多いのは事実です。

激動の、そして複雑に発展する社会の中で、これからの時代を生きる次世代の人材育成のため、学校においては多様な教育活動の実践が求められているのも間違いではありません。学校や教師に対して、保護者や地域の見る目もだんだん厳しくなってきているのも否定できません。現在もこれからも、教職をめぐっては大変な時代であることは十分予想されます。

特に日本の景気も若干好転し、民間企業の求人倍率も高まっている中で、学校現場の課題は年々増え続け、心身共に教員は多忙感・疲労感に悩まされている現状もあります。正直なところ、教職とは、若い人達にとって、努力や労苦の割に合わない仕事と敬遠されがちになるのもうなずけます。

しかし、この先行き不透明な時代だからこそ、将来への人材育成を担う教育には重要な役割が期待されています。特に今日、エネルギー・鉱物資源に恵まれない（かつては狭い面積の割には豊富に存在していましたが）日本においては、人的資源、つまり人材育成が国家存亡にも関わる喫緊の課題であると言えるでしょう。Society 5.0 の対応やＡＩへの期待が高まっており、近い将来、多くの業種がコンピュータやロボットなどの機械やシステム等に取って代わられることが想定されています。しかし、教職は、これらに代わられたり、なくなったりすることはないでしょう。人を育てることができるのは人だけだからです。

今日、グローバル化が進む中で、持続可能な世界を実現するためにSDGｓ（持続可能な開発目標）が注視されています。そのためにもESD（持続可能な開発のための教育）が重要となっており、自然と人間、人間と人間（社会）との関わり、つながりが一層求められ、これらを踏まえた人材育成も不可欠となっています。

何よりも、現在も含め、これからの時代の教職ほど面白く働き甲斐のある仕事はないと言えるでしょう。子供は大きく働きかければ、大きく応えてくれます。教職は知的で建設的な仕事であり、自分の好きなことをして世の中の役に立つ数少ない業種であると言うことができます。このような自己実現と言われる活動に満ちた職業に就けることほどの生き甲斐はないでしょう。教職に限らず、およそ、職業というもので人間と関わらないものはありません。その中でも教職は最たるものです。確かに冒頭で述べたように、教職は楽な仕事ではありません。しかし、それを超えた時、新たな人との関わりに気付いたり、築けたりした時の喜びは表現することができません。

本書では、教職経験者が自分の体験を踏まえて、その教職の魅力を改めて問い、自らの生き様を語っています。読者の皆様にとりましても、これ以上に教職の魅力が理解でき、また激励となるストーリーはないでしょう。事実は小説よりも奇なりとはよく言われます。執筆者の体験を踏まえた教職経験の感動が、次世代の教師に伝わるものと期待しています。

繰り返しになりますが、生きていくために人は必ず働かなくてはなりません。働くからにはその道のプロになってもらいたいと願っています。プロとは何か、一言で述べるのは難しく思えますが、ここでは、給料以上のプラスアルファの仕事ができる人のことを指しています。本書を執筆した方はいずれも教職のプロと言えるでしょう（中にはプロを目指して日々、努力を重ねている人もいます）。

本書は全体を通して、これからの教職を考えている人へのメッセージです。読者の中には、教職を目指す人もためらっている人もいるでしょう。職業と自分の適性、生き方を考え始めた若い人達だけでなく、多くの読者にとって、これからの人生の大きな指針となることを期待しています。

また、我が国にとって、これからの国際化の時代にグローバルな人材の育成だけでなく、国内の各地域でも活躍できるローカル人材の育成が不可欠であるのも事実です。
このような時代を踏まえ、本書が願っているのは両方を兼ね合わせたグローカルな教員の活躍です。

滋賀大学大学院教育学研究科
藤岡達也

今、先生ほど魅力的な仕事はない！＊目次

第2章　教職とともに自分自身をふりかえって

第1章

子どもとの関わりから見えること

1　先生ほど魅力的な仕事はない

(1) 教師の仕事は、激務である

ワークライフバランスなんて、考えている暇はない。毎朝、早くに学校に行って子ども達を迎え、六時間の授業と、様々な生活指導や心の教育を行い、子どもを帰宅させると、その日を振り返って提出物の処理をした後に、翌日の学習の準備を行う。教師の仕事は激務なのだ。にもかかわらず、私の周りにいる教師は、この仕事を続けている。たまに不平や不満を口にすることがあっても、子どもの話になると、途端に目を輝かせて一生懸命になる。時間を忘れて、自分の生活も忘れて仕事に夢中になる。それほど、教師という仕事は、魅力的でやりがいのある素晴らしいものなのである。

「先生、わたしはな、いらん子やったんよ。」
「友達なんか面倒なだけ。わたしは友達なんかいらない。」

そんな風につぶやく子に、あなたは何と声をかけますか。どんな話をするでしょう。小手先の慰めで解決はできません。その子の育ってきた環境や人間関係などの背景を理解し、本当の願いを引き出し、夢や希望をもてるようにするのです。簡単な仕事ではありません。そして、正解はありません。自分のこれまでの人生丸ごとでぶつかったところで、その子を救うアドバイスや支援ができるわけではありません。自分の経験をはるかに超える、苦しみを味わっている子もいます。だからこそ、創造力を働かせ、子どもの言動から本当の願いや思いを読み解く力が必要なのです。また、小学校の学級担任は一日に三十人前後の子どもと向き合います。多くの時間を立って過ごしますから、強くて健康な体も必要です。決して楽な仕事ではありません。

(2) それでも教師を続けます。なぜだと思いますか。

そこには計り知れない感動、一日として同じ日がない変化に富んだ毎日があり、新しいことに挑戦するワクワク感や、子どもの成長を毎日目の当たりにする喜びがあるからだと、私は思います。人のために役立てるということを、強く強く実感できる仕事でもあります。

「先生、わたし楽しいわぁ。先生のクラスでよかった。」
「先生、わたしにも友達ができた。毎日楽しいわぁ。」

生まれてきた境遇を恨んでいた子どもが、生きる喜びや楽しさを感じるようになったり、投げやりだった子どもが、前向きに生活を送るようになったりする姿に出会います。子どもの成長や変化を感じる瞬間は、どんな映画やドラマにもかなわない、最高の感動と喜びがあります。

春夏秋冬、教室の窓には季節の移ろいがあります。桜が舞う新学年、パンジーやサルビアが彩る校庭、しとしとと降る雨に打たれるブランコ、水しぶきが跳ねるプールサイド、真っ赤に染まる夕暮れのジャングルジム、落ち葉が舞い散るグラウンド、一面を真っ白に包む雪景色。忙しさの中にも、移りゆく季節の変化を感じることができ

図 1-1　教室から校庭を臨む

ます。全ての子どもにそして私にも、毎日の日の出とともに新しいチャンスが訪れます。

大きなランドセルを背負い、笑顔で挨拶をする子。やってきた宿題を得意げに見せに来る子。週末の出来事を今この瞬間に起こった出来事のように熱心に話をしてくれる子。朝からポロリと涙を流して登校する子。忘れ物をして、申し訳なさそうに報告をしてくる子……。その全てが、新たな一日の始まりであり、全ての子が成長をするチャンスなのです。

我々教師の仕事は、その様々な子どもを理解し、良さを引き出し、導く仕事。一人一人の願いや思いの実現を支える、貴重な役割です。

誰かのために全力を尽くす生き方を
この本を読まれた全ての人に教師になってほしいとは思いません。
誰かのために、全力を尽くすような、そんな生き方をしたいあなた。
一緒に教師の仕事をしませんか。

（川端清司）

2　他の仕事とは違った教職の魅力

(1) 銀行員から教員に転職

私は今、横浜市の小学校に教諭として勤務しています。ですが、最初から教員を目指していた訳ではありません。大学では工学部で化学系の研究をしていました。大学を卒業した後は大学院に進むか、就職するかで悩みましたが、結局は地元の金融機関に就職。というように、学生時代は教員になろうとする気持ちは全くありませんでした。そんな私ですので、今、教員になろうかどうしようか迷っている人に向けて書いていこうと思っています。

私が教員になろうと思ったきっかけは、褒められたものではありません。就職という人生の一大イベントについて何も考えず、ただなんとなく内定をもらった銀行に就職してしまいました。そのため、仕事内容も知らず、金融の世界で生きていく覚悟を持つこともできなかった。だから、早いところ辞めてしまいたい。そのために転職をしよう。では、何の仕事をやろう？　私の親が教師だから、私も教員になってみようか……いや、今から教員になれるのだろうか……むしろ私に教員なんてできるのだろうか……と考えたことが、私が教員になろうと思ったきっかけでした。

結論から言ってしまえば、こんな私でも教員になることができました。そして、教員になるという決断をしたことで、今、とても充実した生活を送ることができています。

就職について真剣に考え、考えた末に教員という職を選んだ一番の理由は私の親でした。教員として長年、働いていた自分の親のことを真剣に振り返った時、もちろん大変そうに見える時もありましたが、毎日を充実した様子で過ごす親を思い出しました。そして、そんな親のように私もなってみたいと思いました。教員になろうか迷っていることを相談した時に、背中を押してもらうことができたことも大きな理由の一つです。あの時、背中を押してくれた親には感謝してもしきれないくらい感謝しています。それだけ、教員という仕事は私にとって素晴らしい仕事だと感じています。

（2）経験から得た教員の素晴らしさ

では、どれだけ教員という仕事が素晴らしいか、私の経験をもとに書いていきたいと思います。わずかな期間ではありますが、銀行で働いていましたので、どうしても金融の世界と比較してしまうかと思います。金融という仕事に誇りをもち、やりがいを感じて働いている人も世の中にはたくさんいますので、その皆さんの気分を害さないよう、最初に言い訳をさせてください。

資本主義の日本において、（法を犯さない限り）どのような方法を用いようとも利益を追求することはとても大切なことです。一般企業で働いている皆さんが大変な思いで稼ぎ出した利益の一部を給料としていただいていることも知っています。また、それぞれの企業が企業文化をもち、たとえ周りから理解されなくとも、その文化を大切にすることが生き残るための道となっていることも知っています。ですので、私個人の性格にどれだけ教員という職が合っていたのか、どれだけ素晴らしい職だと思っているのか自己満足で書いていると読み取っていただければ幸いです。

まず、私個人が教員の仕事として素晴らしさを感じていることの一つ目です。それは、どの子どもにも人として平等に接することができるということです。教員を目指している人には当たり前のように聞こえるかもしれません。でも、当たり前のように感じることを当たり前にできる職業はなかなか少ないかと思います。一般社会では取引の頻度や、相手との関係性、費用対効果など、様々な利害関係を考慮した上で成り立っている関係が多いかと思います。同期の仲間や、一般企業に就職した友人の中で、純粋な人と人との関係を築くことができずに苦労している人もいました。

その点、教員は、テストでよい点数を取れる子どもにも、運動ができる子どもにも、たくさん発言する子どもにも、いつもおとなしくしている目立たない子どもにも、時に友達に手を出してしまうような子どもにも、陰でいたずらをしてしまう子どもにも平等に接することができますし、平等に接することが求められます。この点が教員は素晴らしい職業だと私に感じさせてくれています。

二つ目は、毎日が刺激に溢れ、あっという間に一日が終わっていくということです。もちろん、銀行の仕事も刺激に溢れ、あっという間に一日が終わっていきました。では、何が違うのかというと、受ける刺激の種類が違います。銀行では、大人対大人の関係ですので、互いに探り合ったり、なんとか相手の気持ちをつかもうと苦慮したりすることが多くあります。ノルマ達成のために、先輩が使った人心掌握術（詳しくは言えませんが）に驚き、刺激を受けたこともあります。一方、学校では一日の大半を大人対子どもの関係で過ごします。子どもは到底、大人には思いもつかないような発想をしたり、子どもならではの考えをもっていたりします。年齢を重ねるうちに忘れてしまいそうな純粋な気持ちに触れることもできます。そのため、いつも新鮮で、忘れていた気持ちを取り戻せるような刺激を受けることができます。その刺激が私にはとても心地よく、その刺激に触れることで充実した毎日を送ることができているような気がしています。

三つ目は、人から心から感謝されたり、頼られたりする機会があるということです。銀行で働いている時もお客さんから感謝されたり、頼ってもらえたりすることもありました。しかし、自分自身の偏見が入っているかとは思いますが、本当の本当に心から感謝されていると感じることは多くありませんでした。金銭が介在して成り立つ関係だからかもしれません。教員として働いていると、子どもや保護者の方から、感謝されることが多くあります。そんなに感謝していただかなくても……と思うこともありました。私が頑張ったからこそ、ということもあるのでしょうが（少しはそう信じたいですが）、そこには教員という職業だからこそ、という部分が大きい気がしています。親も、教員も、視点や目線は違えども、子どものよりよい成長を願っていることに違いはありません。結果として、望ましい子どもの成長が見られた時、教員に対して心からの賛辞を送ってくれているように感じています。それは時に恐縮することもありますが、ありがたいことだな、とも思っています。

また、教員は勤務時間の大半をたくさんの子どもの前に一人で立つことになります。そのため、必然的に子どもは大人の私に頼ってくることになります。こんな私で申し訳ない、と思いつつも、子どもに頼られて日々を過ごすことに充実感を感じているような気がしています。

（3）こんなにいいことも

他にも、素晴らしいなと思うことはたくさんあります。ここまで真面目に書いてきましたので、これ以降はざっくり書かせていただきます。

まずは休日の過ごし方です。小学校に部活はありませんし、一部の世界のように接待もありません。そのおかげで、家族と過ごす時間がしっかり確保できるかと思います。子どもの人生の一部を預かっているというプレッシャーはありますが、どうにもならないノルマへのプレッシャーはありません。子どもと一緒に体育をしたり、図工をしたりする時間も案外、楽しいものです。たいして上手くもないドリブルで子ども達を抜き去った時の歓声には、内心、ニヤニヤしています。などなど、どのような視点で、素晴らしい職業だと私は考えています。自信をもって皆さんにおすすめしたい仕事です。

(4) 教員としての注意点

最後に、一点のブレもなく教員を目指しているにもかかわらずここまで読んで下さった皆さんに助言をして終わりたいと思います。もちろん、教員は素晴らしい職業ですが、今後、教員を続けていく上で気を付けないといけないな、と私自身で感じていることがいくつかあります。

一つ目は時間感覚です。学校で働いていると、時間感覚が乏しいなと思うことが多々あります。時間は有限です。効率よく使ってください。皆さんにも誰かの時間を奪わないように仕事をして欲しいと思います。

二つ目は、社会常識です。初任研や学校現場でも常識やマナーを学ぶ機会があるかと思います。ですが、私が銀行で学んだ常識やマナーには程遠い（レベルが違う）と感じています。保護者の中には厳しい世界で戦っている人もいます。その人達にも相手にしてもらえるよう、信用されるよう、努力することが大切だと私は思っています。

最後に謙虚な姿勢です。先に述べたように、教員は一日の大半を子ども達と過ごします。そのため、子どもを叱ることは多くても、自分自身が叱られることはめったにありません。そうすると、自分が全て正しいかのように思い込み、振る舞ってしまう人も中にはいます。そうならないよう、常に自分自身を見つめ、振り返り、謙虚な姿勢で仕事ができる教員になって欲しいと思います。

教員という職業が素晴らしいものであるということが伝わったでしょうか。是非、教員になって私と同じ気持ちを味わっていただければと思います。

（綿貫一生）

3　教員は魅力的でおもしろい！

(1) 子どもが変容する授業づくりが魅力です

教員の魅力はなんといっても授業づくりです。特に理科の授業づくりは魅力的です。私にとって、学級の子どもの顔を思い浮かべながら、ああでもない、こうでもない、こうするとあの子はどんな反応をするだろうかなどと考え準備する時間はとても楽しい時間です。そして、理科授業では、子ども達が優しさや強さを見せてくれることがあります。ここでは、私に優しく強く「生きる」ことを教えてくれたAちゃんのお話を紹介します。

昆虫が大好きになったよ！（お星様になったお父さんに伝えよう）

三年生のAちゃんは、小さな時から昆虫嫌いでした。とくに、モンシロチョウは怖いと言って、寄ってくるだけで逃げてしまいます。休み時間に私が宿題の〇付けをしていると、Aちゃんは憂鬱（ゆううつ）な顔をして、「モンシロチョウは怖いから育てられない」と教えてくれました。私は、「チョウは怖いのか。私も犬はちぃっちゃくても怖いから、わかるよ。明日は、チョウの卵をキャベツ畑でさがすけどどうする？」と聞くと「キャベツ畑には行きたい」と少し不安そうに答えました。

このころ、Aちゃんのお父さんは、病院と家を行き来し、闘病生活を送っていました。Aちゃんは、お父さん子で、お父さんの容態を心配していました。お母さんは、そんなAちゃんを心配し、私に「先生、Aを学校で大口を開けて笑えるようにしてやってください」と話しました。私は、お母さんの願いがかなうようAちゃんが屈託なく笑えるように手立てを考えました。そこで、Aちゃんが苦手なモンシロチョウを好きになれたら、夢中でお世話ができたら、気持ちが明るくなるかもしれないと思いつきました。そして、モンシロチョウが飛んでいてもAちゃんがキャベツ畑に入れるように、大きなつばの麦わら帽子に透明のビニールを巻いた帽子をつくりました。

次の日になり、キャベツ畑でチョウの卵をさがす活動が始まりました。Aちゃんは、キャベツ畑の上をひらひら飛ぶモンシロチョウを見て、固まっていました。私は、「Aちゃんは、飛んでいるモンシロチョウが怖いのかな?」とたずねると、Aちゃんは「そう。ひらひらがこわい。どっちに飛んでくるかわからないから」と言いました。「顔の近くに来ると怖いのかな」とさらに聞くと「そう」とぽつりと言いました。

私は、Aちゃんに、麦わら帽子に透明ビニールシートを巻き付けた特製帽子を見せました。そして、「これかぶると、ビニールがあるからモンシロチョウは絶対に顔の近くに来ないよ」と言いました。Aちゃんは、私をじっと見て「先生が作ってくれたの?」と聞きました。私は、「Aちゃんが、モンシロチョウの卵を探せるようにちょっと考えてみたの」と答えました。すると、「ありがとう」というなり、透明ビニールシート付きの麦わら帽子をかぶって、モンシロチョウがひらひら飛び交うキャベツ畑へ入っていきました。友達はAちゃんがキャベツ畑に入れたので、「こっち、こっち、ここにあるよ」と大喜びでした。

不思議なことに、Aちゃんは、モンシロチョウの卵は全く怖くないとのことでした。キャベツの葉の裏にある小さなモンシロチョウの卵を葉ごと取り、トマトのパックに入れて持ち帰りました。その時にAちゃんは友達に、「こんなに小さなかわいい卵がひらひらのモンシロチョウに本当になるのかな?」と、にこにこしながら話していました。

　数日すると、卵はだんだん黄色が濃くなります。子どもたちが採取した卵は、それぞれ色が異なり、Aちゃんの卵が一番黄色くなっていました。Aちゃんは「黄色くなって病気なのかな」と心配していました。しかし、Aちゃんの心配をよそに、なんとも小さな細い幼虫が生まれたのです。私は、この時、Aちゃんは嫌がるかなと心配しました。けれど、私の心配はよそに「先生、生まれたよ。うれしい。薄緑で……何食べるんだろう」と喜び、お世話の心配をしていたのです。他の子ども達からは「Aちゃんのモンシロチョウは一番お姉ちゃん」と言われ、とてもうれしそうでした。

　その後は、幼虫が食べるキャベツを入れ、幼虫の糞の大きさがどんどん大きくなってくることを喜んでいました。そのうち、容器の中で幼虫が動かなくなりました。さ

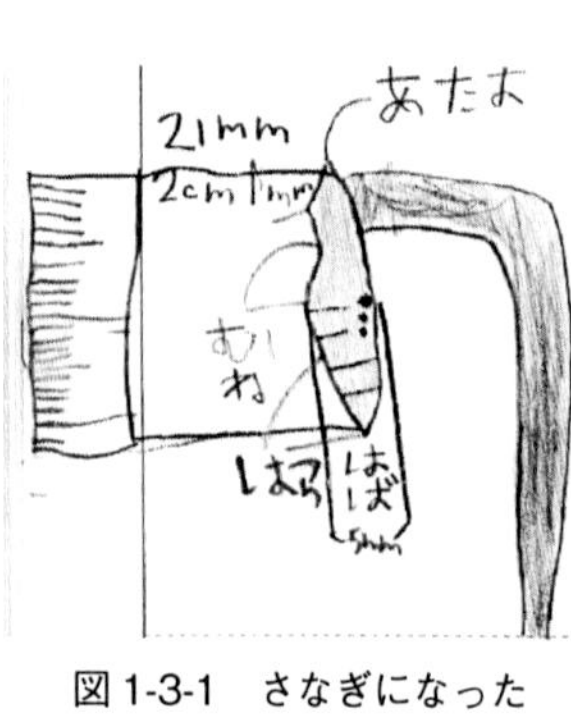

図1-3-1　さなぎになったモンシロチョウ

なぎになったのです。Aちゃんは、「なんで動かないんだろう」とそっとさなぎをつかみました。すると「生きてる。生きてる。触るとピクピクしてくれた」と大喜びでした。その後は、「(さなぎの中に)目みたいなのがすけて見えるからもうすぐモンシロチョウになるのかな」と羽化を心待ちにしていました。

このAちゃんの様子から、私は、もしかしたら、モンシロチョウを好きになってくれたのかもと考えるようになりました。羽化を迎えたとき、私の予感は的中しました。Aちゃんが、羽化して容器に止まっているモンシロチョウをそっと手の平にのせかえ、「いってらっしゃい」と放したのです。この様子を見ていた友達は、「Aちゃんがモンシロチョウとお友達になったよ。よかったね」と喜んでいました。

このころAちゃんは、お父さんが家にいてくれるととても喜んでいました。そして、モンシロチョウが羽化したこと、自分の手の平にのってくれたことをお父さんに伝えると、お父さんが「また、帰ってきてくれるかもしれないね」と話してくれたとうれしそうに伝えてくれました。

この後は、パンジーの葉を食べていたツマグロヒョウモンの幼虫、ミカンの木の葉を食べていたアゲハチョウの幼虫、テントウムシとテントウムシの餌のアブラムシが

図 1-3-2　ツマグロパンジー

続々とやってきて、教室は昆虫園のようになりました。もちろん、Aちゃんも、もう怖がったりしません。

このころ、ちょうど参観日がありました。子ども達は、授業参観に来てくれたおうちの人に昆虫の名前や食べ物を教えてあげようといい、画用紙にそれぞれの紹介文を書いて貼りました。テントウムシのゲージには「アブラムシが好きです。カラスノエンドウにいたアブラムシが減ってきたので、アブラムシを探しています」と書いていました。参観日には、Aちゃんのお母さんが授業前に来ていて、Aちゃんに教室にいる昆虫について説明してもらっていました。その時です。AちゃんとAちゃんのお母さんが「みんな、ツマグロヒョウモンが羽化するよ」と大きな声で教えてくれました。これをきいた子ども達は、ツマグロヒョウモンのゲージに集まりました。そして、そっと見守りました。確かに、さなぎの頭がわれ始めました。それは少しずつ少しずつですが、確実に羽化していると分かりました。みんなで見入っていると「Aちゃんがいつもパンジーの葉や花を幼虫にあげたから、こうやって羽化してくれるんだ。Aちゃんのおばちゃん（Aの母）、Aちゃんは、ツマグロヒョウモンのお母さんみたい」と子ども達がつぶやき始めました。これを聴いたAちゃんは、恥ずかしそうにお母さんを見つめました。お母さんは「Aちゃん、チョウはこわかったんじゃないの？　よくお世話ができたのね。きっときれいなチョウになるよ。お母さんはうれしくてびっくりしたよ」と答えました。

このころになると、Aちゃんの父親の症状が悪化し、お母さんは病院で看病するようになり、Aちゃんとあまり話す時間がなかったようでした。でも、Aちゃんは、「お母さんが参観日に言ってくれた言葉がとてもうれしかったです。チョウが大好きになりました。また、私のところに帰ってきてくれたらいいのに」とその日の日記に書いていました。その日記には、お母さんも、「ツマグロヒョウモンの羽化を学級のみんなで見られたことで、みんなが一つになった感じがしました。今まで少し寂しい思いをさせていて申し訳なく感じていましたが、学級のみんなに本当に感謝していま す。ありがとうございました」と書いてくれていました。その時、私は、理科は、子どもも大人も仲良くなれるすてきな教科だとつくづく感じました。

図 1-3-3　ソラマメのアブラムシ集め

その後は、学級の保護者の方も、テントウムシ用のアブラムシ（空豆に大量についている）や、ミカンの葉などをもたせてくれるようになりました。時々、アブラムシがゲージから脱走し、教室がアブラムシだらけになったこともありましたが、みんなで回収し、逃がしてやりました。子ども達は、こんな話を夕食時、家庭でするようになったそうです。保護者の多くは、これまでは学校のことをあまり話さなったのに、今では教室の昆虫たちの話題で盛り上がるようになりましたと楽しそうに伝えてくれました。

夏休みが近づき、お世話していた昆虫たちをどうするかと子ども達が話し始めました。子ども達は、「昆虫たちがもといた場所にそっと返してあげよう」と話し合い、ゲージを持って草原へと向かいました。Aちゃんは、そのころはテントウムシ担当でした。Aちゃんは、アブラムシが春のようにいないことを心配しながらも、仲間のテントウムシがいる場所を探して「テントウムシさん、元気でね。アブラムシを見つけて食べてね」と言いながら放しました。話しながらも、シジミチョウやモンキチョウ、小さなコオロギやバッタがいることに喜び、「また二学期ね」と声をかけていました。子ども達は、昆虫を返しながら、たくさんの生き物が生きている自然のすごさに感心していました。

夏休みがもうすぐ終わりに近づいた日、私はAちゃんのお母さんから、「主人がなくなりました。先生、Aをお願いします」という電話をもらいました。言葉が出ませんでした。Aちゃんの顔が頭に浮かび、つらい気持ちでいっぱいになりました。

二学期が始まりました。Aちゃんは、一番に登校してきました。二階の教室から、Aちゃんが校門をくぐるのを見つけた私は、「おはよう。Aちゃん、一番やな」と大きな声で挨拶しました。すると、Aちゃんも、「おはよう。先生」と返してくれました。私は、Aちゃんにありがとうと心の中でつぶやきました。

そのうち、子ども達がどんどん登校してきました。夏休みの宿題で大荷物なのに、男の子たちが虫かごにバッタやコオロギを入れて持ってきたのです。そして、「先生、みんなで、また、バッタやコオロギを飼おうよ」「カマキリがまだいないから、みんなで取りに行こう」と言うのです。Aちゃんも、他の女の子たちも、みんなにこっと笑い「行きたい。みんなでまた昆虫を飼いたい」と賛成しました。

そこで、私は、「始業式が終わったら、みんなで取りに行こう。準備はできるかな?」と子ども達にたずねました。すると、「大丈夫。虫取りあみに、飼育ケース」と男の子たちが答えました。そのあと、Aちゃんが「それからスコップ。用意します」と答えました。私は、「なんでスコップがいるの?」と聞くと、Aちゃんが「夏休みに入る前にテントウムシたちを逃がした時に、考えたんです。今度はバッタやコオロギを飼うから、土に餌の草を植えてあげたら自然のようになるかなって。だから、スコップがいるんです」まわりにいた友達は「大賛成、大賛成。畑を教室にもってきたみたいでいいなあ。飼育ケースにバッタやコオロギの家をつくろう」と意欲満々になりました。

この後、学級には、バッタ・コオロギ・カマキリたちが、集められました。昆虫嫌いだったAちゃんは、カマキリ担当になり、休み時間に友達とせっせとカマキリの餌にする小さなバッタを取りに行くようになりました。それからしばらくたち、お母さんが、連絡帳に「Aは、『学校に行くと、本当に楽しい』と言ってくれました。そして、『お父さんが、Aの昆虫嫌いがなおって、とても昆虫を大切にしているAの話をきくのがうれしいと言ってくれたから、今度はカマキリのお世話で忙しいことをお父さんに伝えるんだ』と笑ってくれます。強く優しくなってくれたことに感謝します」と書いてくれていました。

私は、このページの向こうにいるAちゃんとお母さんに向かって、心の中で何度も何度も「ありがとう。頑張ります」と繰り返しました。教員であるからこそ、感じることができる感謝と感動の瞬間でした。

(2) 話し合う大切さに気付いたよ！(みんな、ぼくの実験結果を確かめて！)

六年生のB君は、ペーパーテストの成績の良い子です。友達は、B君が言うことが正解だと思っています。ですから、B君が答えると、ほぼ全員が「いいです」と返答し、学習が終わる傾向にありました。そのため、B君は、学習は自分一人でできると思っていました。つまり、問題解決のための話し合いの必要性を感じていなかったのです。私は、そんなB君を見ていて、B君が友達と話し合う必要性や協力する大切さを感じられる理科の授業を計画しました。

六年生では、光合成について学習します。そこで、まず、ジャガイモ畑で小芋を掘り、その成分がデンプンであることを調べ、「小芋のデンプンはどこでつくられたのか」という話題について話し合わせました。B君は、話し合いには参加せず、「緑の葉に太陽光線が当たって葉にデンプンができる」と話しました。そこで、私は、「葉に太陽光線が当たるとデンプンができるのだったら、葉に太陽光線が当たらないとデンプンはどうなるの」と問いました。すると、B君は自信満々で「日光が当たらない葉にはデンプンはできません」と答えました。

そこで、その予想を確かめるために、学校の中にあるテイカカズラ、アサガオ、クローバー、ジャガイモなどの葉を自由に選ばせ、光合成の実験を実施させました。B君には、「あまり見たことがなかった植物で実験してみたら」とアドバイスしました。B君はテイカカズラを実験材料に選びました。実験方法は全員で共通理解し、調べる植物だけを変えました。実験結果を確かめた時、なんと、驚きの結果が出たのです。アサガオ、クローバー、ジャガイモの葉は、日光を当てなかった部分にはデンプンはできていませんでしたが、テイカカズラは日光を当てなかった部分にデンプンがあったのです。

実験結果を黒板に書くように全員に指示すると、Ｂ君が「先生、おかしいんです。日光を当てていないテイカカズラの葉にデンプンがあったのです。実験結果はどう書いたらいいでしょうか」と困った顔で来ました。私は、「実験方法と実験結果を両方書いてみんなに聞いてごらん」とアドバイスしました。Ｂ君は、実験方法と実験結果を黒板に書きました。Ｂ君が「みんなの実験結果と違って、予想ともちがって、テイカカズラは日光を当てなくてもデンプンができました」と発表すると、友達からは「どうして」「実験方法はどうしたの」「どんな順番で」と質問が出ました。Ｂ君は、質問に答えていましたが、最後にこう言ったのです。「みんなも、テイカカズラをぼくの実験方法で確かめてほしい」と。友達は、この申し出を快く受け、全員でテイカカズラの葉を使い実験しました。結果は、Ｂ君が調べた通り、日光を当てないテイカカズラの葉にデンプンができていたのです。ここから、子ども達は考えました。そこで、私は、「クローバーとジャガイモとアサガオは、テイカカズラとは何が違うのか」というお題を与えました。子ども達は、つる性常緑低木（テイカカズラ）、一年草（アサガオ）、多年草（クローバー）、ジャガイモ（多年草）であると発表し、その結果、テイカカズラは木でそのほかは草だと分類しました。

子ども達は話し合い、草は葉を日光に当てるとデンプンができるが、木は日光に当てなくてもデンプンができるのかもしれないという仮説を立てました。そして、自分たちの仮説を大学の先生に聞いてもらうことにしました。大学の先生にお送りするメールの内容や何が知りたいのかが伝わるように、みんなで文章を考えました。そして、学校のパソコン室から、大学の先生にメールを送りました。B君も子どもたちも大学の先生からのお返事をわくわくしてまっていました。

二日後、大学の先生からメールが送られてきました。そこには、「みなさんの実験結果は正しい結果です。テイカカズラなどの樹木には光合成によりできたデンプンを貯蔵した貯蔵デンプンがあるからです」と返信がきました。また、「一人の実験結果をみんなで確かめて、その理由を話し合い考えた学習態度に感心しました。これからも不思議なことを見つけてください」とも書かれていました。

大学の先生からのメールをみんなで読んだ後、B君が言いました。「これまで、ぼくは、みんなと話し合いをして学習することの大切さが分からなかったけど、みんながぼくの実験結果を確かめてくれて、なんでこんな結果になったのかを考えてくれて、みんなでその理由を調べることができて、本当にうれしいです。ありがとう」と。

この後、B君は、話している友達の方を向いて、その内容に対して自分の考えを言うようになりました。

（3）子どもは授業を通して変容する

授業を通して子どもが変容すると、こんなことを言うようになります。「学習は学級でつくるんだから、自分たちで計画しよう」「先生、時間をください。調べたいことがあるので」「他の班の実験方法も試してみたいので、他の班の実験をさせてもらっていいですか」などなど。

子どもが授業によって、徐々に変容していく瞬間に立ち会えること、そしてそのための授業づくりをすることが私の感じている教員の魅力です。今日も、百均ショップでノギス※を持ち込み、教材開発に勤（いそ）しみます。

（川真田早苗）

※ノギス＝物の厚さ、球や丸の直径を正確に測るための補助尺付きものさし。

4　いくつになっても新たな発見——原点回帰

(1) 教員としてのあり方に悩む

教員になって二十五年。今後、教員としてどのように進むべきか、自身のあり方に悩む。家族との生活を優先しながらのんびりと教員を続けたいと思う一方で、学校現場の激務の中にいると、学校の抱える課題をもっと積極的に解決していきたいという思いが強くなる。

現任校では、少子化が進んで学級数が減るのに伴い、職員数減で校務負担がさらに増え、多忙化が止まらない。それでも、「教員が互いに指導力を高め合う時間を生み出したい」、「小規模校の子どもたちの学びを外部とのかかわりで活性化させ、教育の地域格差を軽減したい」、「過疎の地域を盛り上げたい」等の思いはますます強くなる。

もっと工夫して学校を変えていきたいのだ。

自分に一体何ができるのだろう。こんなに中身が薄っぺらいのに？

この自信のなさはどこからくるのだろう。これまで長い間、研究主任として学校全体を引っ張ってきた。周りから「研究熱心」、「指導力の高い先生」と言われてきた。けれども、心の底では大きく欠けている部分を感じるのである。

保護者の学校評価アンケートに、「子どものことが見えていない」、「もっと子どもの声を聞いてほしい」と書かれたことがある。「こんなに一生懸命に子どもたちのために働いているのに？　私の苦労も知ってほしい」と心の中で反論する。

しかし、毎日の忙しさの中で山積みの仕事を片付けているだけの自分、常にばたばたイライラしている自分に気付いていた。私は、子どもたちと真に向き合う教員ではなく、実は子どもたちを急かして、自分の思う方向に引っ張ろうとして怒ってばかりの、実力も愛情もない嘘っぱち教員に思えた。

それに加えて苦手なのが、他職員とのコミュニケーションである。自覚なく人の感情を害して嫌われたり、仲間外れにされたりした経験も何度かある。次第に、人に気を遣って当たり障りなく接するようになり、大変な仕事でも他の人と一緒にやるよりは、全部一人でやってしまった方が楽だった。

(2) 特別支援学校での実習が転機

こんな悩みをもつ私に、ある日、特別支援学校で実習をさせていただく研修の機会が訪れた。初めてのことで、「知的障害のある子どもたちは、どのように学ぶのだろう。私に何ができるのだろう」と不安な気持ちでいっぱいになった。

初日。音楽の授業の際、中一の男の子が私に抱きついてきた。非常に困った。自分のことを人付き合いが下手で不器用な人間だと思い込んでいる私にとって、好意的な行動を示されるのは想定外で、どうしたらよいかわからなかったのである。私の腕にうっとりとすり寄る男の子。その子の感情を理解し、適切な対応はどうあるべきかを必死で考えた。

他にも、視点が宙をさまよっている子、奇声を発する子、こだわりの強い子など、いろいろな子どもたちがいて、どう接してよいかわからない。子どもたちに気を遣い、一日過ごしただけでくたくたになってしまった。教員であるはずの自分に、すっかり自信をなくしてしまった。

二日目、もっと積極的にかかわろうと試みた。が、子どもたちが何をしたいのか、何を伝えたいのかがわからない。指示を出したくても、なかなか伝わらない。同じ状況で担任教員たちは、ちゃんと子どもの気持ちを酌み取って接していた。一度も感情的に接することはなく、笑い声が絶えない。注意をしても、その後は必ず子どもを笑顔にしている。担任教員たちの接し方を観察しながら、「なんとか子どもたちをうまく動かす方法はないか」を探った。

ある教員が、行動が遅くなりがちなA君に、「○○するか、それとも○○するか」と、指を二本立てて選ばせて行動させた。A君も教員も楽しそうだった。A君を動かすにはこれだと思い、私もやってみた。すると、A君にむっとした顔をされた。ショックだった。同じようにやってみたのに……。

他の教員に話すと「それはあの先生だからできることで、私にもできませんよ」と言われた。ある教員に有効なことが他の教員にもそうだとは限らないのだと痛感した。

他の教員たちはどうしているのか。意識して見ると、それぞれに違った接し方でコミュニケーションをとっていた。うまくいく方法として見えているのは、一人一人の教員が子どもと共に築き上げてきた関係性なのだ。ここで初めて「自分は子どもと向き合って接するのではなく、指導技術のみ求めようとしている。子どもとふれ合って関係性を築こうとしていない」ことに気付いた。方法のみをつかんで子どもを動かそうとする姿勢。それで今まで通用してきたのは、子どもたちが言葉を理解して、私の支持する通りに合わせてくれたからできたのだ。自分には、コミュニケーションのチャンネルは言葉しかない。教員としての自分の姿への気付きは、私自身を苦しめた。「できない自分」の輪郭がはっきりと見えたからである。今まで、人よりうまくいかせることで優越感を感じていた自分が、今は何もできない自分でいるのが辛かった。元々、人とコミュニケーションをとることが苦手な私には試練の時間となった。こんな状態で他の教員や実習生の前で授業をして、力のなさを露呈するのが苦痛だった。

数学の習熟度別学習で、補助を担当した。お金の両替の問題で、五や十の量概念や位取りの概念が定着していないと難しい。一人一人の子どもたちの真剣な表情から「学びたい！」「わかりたい！」という強い思いが発せられていた。ある子は問題を間違えたことで自分に腹を立て、頭を拳で何度も叩いていた。その姿に衝撃を受けると共に、「知的障害のある子どもにはどんな学びがあるのか」と思っていた自分が、教員として恥ずかしくなった。

どの子も学びたいのである。そして、どの子にも学びや成長があるのである。担任教員たちはそれを理解して、一人一人のニーズに合った指導を工夫していた。T・T（ティーム・ティーチング）で互いに助け合い、磨き合いながら教員集団の専門性を高めている。同僚性と協働性を発揮して組織が動いている実態を見て、教員同士のコミュニケーションを大事にして、個性を発揮し合える学校であると感じた。「人とは別々に個人でがんばる」、「私のがんばりが足りないから全体がうまくいかない」という考えは間違いであることに気付いた。

実習三日目も、やはり気が重かった。このまま子どもと真に向き合えなければ、嘘や飾りのないストレートな感情をぶつけてくる純粋な子どもたちと、うまくかかわれないままになってしまう。

B君はうるさく世話をやこうとすると睨（にら）みつけ、壁を蹴（け）って威嚇（いかく）してきた。C君を手伝おうと何気なく身体に触れた私に、C君は何度も何度も「謝って」と言ってきた。みんな一人の人間で、それぞれに感情があるのだという当たり前のことに、今更気付いた。

四日目に転機が訪れた。A君が別の人ではなく、私と行動したがるようになったの

図 1-4-1　種子島と屋久島で遠隔合同授業をしている様子
教員を楽しむことができるのは、こういう実践ができるから。

である。何をしたいのかが少しずつわかり、通じ合ってきたのを感じた。言葉は発しなくても、身振りや文字盤で通じ合えた。

私が最も変わったのは休み時間の出来事だと思う。玄関ホールをフィギュアスケーターのように何度も回転して喜ぶF君がいた。私も、F君の真似をして回ってみた。F君が笑い出した。私も一緒に腹の底からげらげらと笑っていた。F君の楽しさがわかったのである。子どもと遊んだのは久しぶりであった。忙しくばたばたしていたこれまでの私は、いつも疲れた顔で、子どもの世界を共に味わう楽しさを忘れていた。

教員を目指していた頃の自分は？
教員に成り立ての頃の自分は？

子どもが好きだから教員になったのであった。でも今の私は、子どもの心に真に寄り添うことができていない教員になってしまっていた。これが目指していた教員か？

五日目。実習最後の日。国語の授業をさせていただくことになった。クラスの子どもたち全員のことを考えながら授業の準備をする。一人一人に応じた学びや困り感を想像しながら、それぞれに合った支援内容を考え、教材を手作りする。なんて楽しくわくわくする営みなのだろう。

実際の授業では、子どもたちが「できていく姿」を目の当たりにした。子どもたちの成長を見届けられるなんて、なんてすてきな時間なのだろう。教員になってよかった。子どもたちの学びと共に、教員自身も学び続けていくことができる。そこには、大きな感動や子どもたちとの心のふれあいがある。一緒に笑って一緒に泣いて、驚いたり悩んだりしながら生きていく。こんなにやりがいのあるすばらしい職業はない。

実習校を去る時、子どもたち一人一人のことを本当にかわいいと思えた。自分にそんな感情が芽生えたのがとても嬉しかった。「原点回帰」の瞬間であった。


（山口小百合）

5　教育実践と研究の往還

(1) 生徒との関わりから

私が新採用の時なので、今から三十年以上も前のことです。福島県相馬市の中学校に勤務していた時の経験を紹介させていただきます。

まずは、Aさんについて。彼女は私が新採用の時に、中学二年、三年と担任をした生徒でした。四月に、クラス名簿を配っていた時代でした。印刷物も、まだまだ手書きで書いている頃でした。当然配ったクラス名簿は、私が手書きで書いたものです。彼女は、昼休みに職員室に入ってきて、「先生、お母さんが、今度の先生は字がきれいだね、って言ってました」と人なつっこく話しかけてきたのです。それが、私の記憶している彼女との最初のできごとです。

Aさんは、とても明るい性格ですが、気が強いところもあり、時として学習課題などに取り組んでいると、思ったようにできない時には、悔しくて泣きながらそれに取り組む姿を見ることもありました。バレーボール部に所属していて、身長も高く、今でも試合でスパイクを打つ彼女の姿は記憶に残っています。彼女が中三の時に、私は高校受験対策用のプリント（公立高校の入学試験過去問などから編集したもの）を希望する生徒に毎日配っていました。プリントを翌朝提出してきた生徒には、空き時間を使って添削をして、帰りの学活時に返却し、またその日のプリントを配布するというルーチンができあがっていました。

彼女も積極的に、私の配るプリントを使用して学習を進めていましたが、二学期のある時に「プリントをもっとください」と言ってくるようになり、私も生徒たちに毎日配布するプリントの枚数を少しずつ増やすようになりました。当然そのプリント作りのために多くの時間を要するようになりましたが、私自身も辛い記憶ではなく、とても充実していたように記憶しています。プリント学習を日々確実に行ったことだけではなく、一年、二年時の復習も併せて取り組み、彼女の定期テストの成績が確実に伸び、最後の三学期の期末テストでは、学年でトップになったことは忘れられません。

そのAさんは、地元の普通科の高校に進学しましたが、時折、中学校に来て、私のところで、いろいろな話をしていくことがありました。ある時、「私も、先生のような中学校の教師になりたい」と言ってくれたことは忘れられません。その後、大学に進学し、家庭科の教員免許を取得したAさんは、高校の講師経験を経て現在、福島県の公立中学校の教員に採用されて、家庭科の教諭として頑張っています。

Aさんが自分自身の進路を切り拓くのに際しては、当然のことながら本人の努力や頑張りによるものなのですが、それに私自身が、大きな関わりが持てたことは、とても貴重なことだと思っています。今でも、時折話しをする機会もあり、Aさんの話しから、私がパワーを頂くことも多くあります。

Aさんと同じ歳の、B君についても紹介したいと思います。彼は、私のクラスではなかったのですが、私は彼の在籍しているクラスに、理科の教科担任として、理科の授業を担当していました。私はB君のクラスで授業を行うのが当時、とても楽しみでした。その理由は、私が授業を行っているときに、B君はいつも授業の善し悪しのジャッジをしてくれたことが、まだ半人前の教師であった私には、とても勉強になったことです。

「ジャッジ?・」これでは何のことなのかがわからないと思いますので、具体的に説明します。授業を私が進めている時に、B君は私の説明が悪くて分からないと「先生、分かりません」と大きな声で、いつもしっかりと意思表示をする生徒でした。実は、声に出しているB君は当然のことですが、他の生徒たちの顔色を見てみると、「?・?・」といった感じがはっきりと読み取れました。当時の私の授業は、生徒の実態を掴みながら丁寧に進めていたかどうか、今にして思うとはなはだ疑問です。そのような時に、彼の「分かりません」の一言がでると、立ちどまってあらためて説明をし直すときもあれば、かみ砕いて生徒の思考にあわせるにはどうすべきかを自分自身に問いかけ、授業そのものを考え直すこともあったと思います。

そのような授業の様子を振り返ってみると、B君の授業中の「ジャッジ」が、その後の私の理科の授業作りには大きな影響を与えてくれたのではないかと思えます。現在、B君は私と同じ職場の福島県教育庁義務教育課の指導主事になっていて、同僚として勤務中です。大きな縁を感じています。

(2) 科学教育研究室での学びと出会い

私は、福島大学教育学部の高等学校の理科（生物）教員養成課程に在籍して、動物生態学の研究室で、主に小動物の個体数推定等について学んでいました。卒業論文は、牧草地のハタネズミの個体群の推定個体数について、標識再捕法による、様々な推定式の妥当性を検討するというものでした。その時に、データ処理をするために身につけたプログラミング等の知識や経験は、福島県教育センターで情報教育の担当指導主事を務めた時に大いに役に立つことになりました。

卒業後に中学校の理科の教員となった私に、恩師である物理化学の教授から、中学校の理科の教師なんだから、物理化学もやって幅を広げてみたらどうか、との声をかけていただくことがありました。現職の教員が大学に行って再教育を受けるというのは、大学院への派遣しかイメージがつかなかったのですが、理科等の教員が数ヶ月から一年の期限を設けて、大学の研究生として派遣してもらう、科学教育研究室という当時の文部省の派遣制度あることを知りました。

大学を卒業して三年目から、福島県教育委員会からの派遣で、福島大学の科学教育研究室に登録させてもらい、物理化学の研究室にお世話になりました。土日や夏休み中などの長期休業中に、専門書の輪講や、学生時代にはできなかったような実験等をさせていただきました。毎年、報告書を福島県教育委員会に提出するのですが、平成元年から六年間継続して派遣してもらうことが出来ました。研究生としての学びをベースにして、その後平成七年と八年の二年間、大学院に派遣していただき、核磁気共鳴（NMR）を用いた溶液濃度によるプロパノールと水分子の溶液構造に関しての研究をさせてもらうことができました。その二年間のうち一年半は、タイの高校の化学の教師をしていた女性の先生とも研究室内で机を並べて、タイの教育のこと、研究のことを議論したことは、私の理科教師としての糧となっています。

大学院を修了して中学校の現場にもどってからも、五年間継続して科学教育研究室へ派遣していただき、多くの先生方や学生さんとの学びを続けることが出来ました。

このような、貴重な研修の機会においても、最終的には人的なネットワークが最大の財産になっています。彼女がタイに戻った二年後に、タイの高校の先生が在職されている学校（中高一貫校）に伺い、高校生の日本語の授業に、タイ人の日本語の先生と一緒にT・Tで入らせてもらったり、中学生や高校生の理科の授業参観をさせてもらったりしました。また、科学教育研究室への派遣はトータル十一年間で、二年間の大学院への派遣期間を入れると、十三年間の長期間にわたって福島大学の化学教室の先生方にお世話になりました。この間に、学部や大学院に在籍していた多くの学生の皆さんが、今現在教育現場で活躍されています。この方々が、私が現在関わっている教育行政の仕事や理科の教科指導に関わる様々な場面で、アシストしていただいており、大変に力強く感じております。

（阿部洋己）

第2章

教職とともに自分自身をふりかえって

1　心を繋ぐ・未来へ繋ぐ　私の仕事

「約束の同窓会を開きますので、先生も是非いらしてください。」

十年前、「二十歳になったら、みんなで植えたこの木の下で会おう」と約束して別れた子どもたちからの連絡に、懐かしい記憶とともに、当時の熱い想いが蘇ってきました。

寝る間を惜しんで、時には休日返上での教材研究や児童指導の毎日。それでも、なぜ、こんなに長くやってこられたのか。

今回、これから教師を目指す方へのメッセージをと言われ、改めて考えてみようと思います。

図 2-1-1　10 年後の同窓会

(1) まずは、キラキラの裏の本音から

昨今の報道にも見られるように、教員の仕事には大変なことはたくさんあります。「しんどいなぁ」と思うことも正直あります。何度も悩み涙し、憤り、途方に暮れ、何をやってるんだろうとやるせなく思うことが数多くありました。理想と現実に悩み、やめていった同僚もたくさんいました。私自身、ドクターストップとなり一年近く療養休暇に入ったこともあります。

もちろん、どんな仕事でも、楽な仕事なんてないでしょう。大変じゃない仕事もないと思います。それでも、この本を読む、これから教師を目指そうと思っているみなさんだから、あえて伝えたいのです。ドラマに出てくるような先生とは、かなりかけ離れた毎日です。でもドラマ以上のドラマが繰り広げられていきます。映画の台詞（せりふ）ではありませんが、「事件（ドラマ）は現場で起きているんだ！」って。

誰もが学校に通ったことがあり、たくさんの先生と出会っています。だから、先生というも仕事のイメージが現実と離れて一人歩きをしている。そんな気がします。誰もが思う以上に、先生という職業は、多岐に渡る仕事を、それも同時に行っていく複雑で繊細な仕事だと思います。そして、なにより特殊なのは、学校・クラスは子どもたちと、保護者・教職員・地域、全てが人との関わりの中で行われるということです。

常に人の想いに触れ、時には振り回されながら、毎日を過ごしていきます。私たちの仕事は、出会った人々の想いに寄り添い、手を携え合っていく仕事です。それは素晴らしいことでもあり、残酷でもあるのです。

教育実習に行って驚き、採用されてからさらに驚く、驚き続ける。本当に刺激的な仕事です。

(2) キラキラの瞬間が支え

大変さをつらつらと書きましたが、それでも、たくさんの先輩が教員生活をやり遂げ、爽やかに退職されていきます。私自身、最初に書いたように、もう二十八年この仕事をしています。そして、やはりこの仕事は、好きだなと思います。楽しいなと思います。

それは、いくつもの理不尽な出来事のなかにも、一生分の輝きをもつ一瞬。そんな一瞬があるんです。他の人には何でもないようなことかもしれないけれど、それがあれば、また次に進んでいける。そんなふとした瞬間が、様々な苦労や悩みを一気に吹き飛ばし、心に染みて、「あぁ~よかった！」と思う瞬間。

そんな自分の宝物を、長い年月をかけて、一つずつ増やしてこられたから、今まで頑張り続けられたのだと思います。そして、今でもなお、もっと面白い授業がしたい、もっと子どもに寄り添いたい、もっと私にできることを見つけたい、できることを増やしたいと思える気がしています。

全力で向き合った仕事だからこそ、今、手にしている経験という武器を活かしながら、若い先生たちと一緒に自分の理想の学校を、授業をつくっていきたいと思っているのでしょう。

(3) 私の教師としての人生を変えた出会い

私が最初に赴任した学校の子どもたちは、本音と本能で生きているような子どもたちでした。だから、本気で向き合わないと、見透かされてしまいます。言うことを聞かせようなんて思った日には、教室には誰もいなくなってしまうだろう、そんな学校でした。

三年目のことだったと思います。ピアノが弾けるからと任された音楽主任。初めての卒業式。どうすれば、あの子たちが本気で歌い、心のこもった卒業式ができるのだろうと、思いを巡らせていた時、先輩が一言。

「なぁ、なんで、卒業式で歌を歌わんとあかんの?」と。

後日談ですが、先輩は何気なく聞いたそうですが、私にとって、その一言が、大きな転機となったのです。

なぜ、卒業式で歌を歌うのだろう?

今まで当たり前のように行い、理由なんて考えたことなかった私は、子どもたちに伝えるべき答えを出しきれないまま、一回目の全体練習を迎えてしまいました。私は、指揮台の上から、子どもたちに聞いてみました。

「W先生に、なんで卒業式に歌をうたうのって聞かれたのだけど、みんなはどう思う？」と。

子どもたちは、それぞれに言いました。

「そんなのみんなが一人一人おめでとうって言っても、何言ってるかわからなくなるじゃん」「歌だと、歌詞があって、伝えたいことが言えるからだよ」「メロディーやリズムを合わせると、心を合わせられて、みんなで伝えることができるからだよ」「みんなで歌を歌って、ありがとうと伝えて、気持ちよく卒業していってほしい」

あまりやる気が見られなかった子どもたちの顔色が変わり、次から次へと声があがりました。

一通り子どもたちからの話を聞いて、みんなが考えていることがわかって嬉しいことを伝え、そんな気持ちをみんなで込めていい卒業式にしようと呼びかけました。

そして、次の瞬間から、子どもたちの歌声が変わりました。子どもたちの本気のスイッチが入ったのがわかりました。私の指揮にも、不安と迷いがなくなっていくのを感じました。

その年の卒業式は、言うまでもなく、素朴だけど、「ありがとう」の気持ちを本気で伝えようとする子どもたちの歌声に包まれた素敵な式になりました。

そして、私は、子どもと一緒につくりあげていくことの素晴らしさに気づきました。まだまだ何となくでしたが、子どもに向き合うということは、互いに心を開いていくことだとも分かったような気がしました。そしてなにより、子どもたちの本気はすごいと思いました。

その後、その先輩の導きで、研究の道に進み、どっぷりはまって、授業づくりとは、学びとは何かを考えてきましたが、やはり、私の授業のスタートは、「どう思う?」「どうしたい?」と子どもに問うた、あの卒業式だったと思っています。

私の教師としての人生を変えた出会い。それは、何気ない先輩の一言と、そこから始まった本気の学習。これも、私の宝物の一つです。

(4) 心を繋ぐ　未来を繋ぐ——長十郎梨が教えてくれたこと

目の前の子どもたちが、これからどんな人となり、どんな風に生きていくのか、そ

図 2-1-2　長十郎梨の受粉

のために必要な力はなにか、そんなことを考えながら、日々のあれこれに走り回る毎日です。そして、新しい春が来ると、全力を尽くした子どもたちと別れ、また新しい子どもたちと出会います。そんな別れと出会いが、毎年繰り返されていきます。もちろん、手を離れた後も、一人一人の成長に未来を願っていることには変わりませんが、互いに今を生きることに追われていきます。それでも、一緒に過ごした時間や学びは、きっとその子の心や思考のどこかで息づいていると信じて、今日も目の前の子たちに向き合います。

いつの日からか、子どもの生きる場所

図 2-1-3　長十郎梨収穫祭のパレード

である「地域」にこだわって学習づくりをしています。人との関わりの中で学ぶことを大切にしています。学びを通して、今ある自分を見つめ、自信をもち、これからの生き方を決めていく支えになるような学びを目指しています。

その中の一つに、「わたしたちの長十郎梨」という学習があります。

地域の人もマスコミも巻き込んでの学習は、約一年、春の受粉から始まり、なぜ長十郎梨が幻と言われるのか、地域の歴史を探りながら、子どもたちが自分の暮らす町を見つめ、そこでできることはなにかを考え、行動を起こしていきました。収穫祭では、自分でデザインしたそろいのTシャツを着て、ラジオで呼びかけパレードを、駅前に千人もの人を集める大イベントを運営しました。周年行事では、学習したことをたくさんの人に知ってもらおうと創作劇をつくり、上演しました。十歳を記念して、校庭に新たな長十郎梨の若い木を植樹しました。そして、十年後にまたこの木の下で会おうと約束して別れました。

子どもたちは、この学習を通して、自ら考え、自ら決断し、自ら動き出すことの素晴らしさを知りました。そして、自分は、地域に生かされていること、たくさんの人に支えられていることを学びました。自分の生きる場所を見つけていきました。

その子たちが、冒頭の子どもたちです。

十年たち、大人になった子どもたちは、約束通り、長十郎梨の木の下で会いました。同窓会を開き、当時の仲間と集まり、お世話になった先生方を招待してくれました。そして、十年前に撮った映画の続き?を撮影しました。映画「夢が叶うまち」には、当時の面影の残る子どもたちが、大人になって思う自分の町への想いが描かれていました。エンドロールで流れた、十年前の子どもたちと私たち教師仲間の姿をみながら、教師冥利に思わず涙しました。

十年たった時、こんなふうに想いが繋がって、そして、これから未来へとまた繋がっていく。そして、それをこうして見守り続けられる。そんな教師は、なんて素晴

らしい仕事なんだと思いました。心を繋いで、未来を繋ぐ、誇れる仕事だと思います。

長十郎梨の学習も、私が異動になり、少しずつ縮小されていってしまいましたが、十年の時を経て、子どもたちが植えた苗木に初めての実が実り、次の周年行事に向けて、また地域の人が集まり始めると、新しい学習として取り組みが再開されました。時を超えて繋がり始めたことに、古くからの関係者は、喜びをかみしめています。

図 2-1-4　長十郎梨学習が教えてくれたこと

(5) 毎回、毎日、新しいことばかり

もし、この本を読んだみなさんが、教師という仕事を選び、子どもたちと出会った

ら、たくさんのことや人と繋がっていってほしいなと思います。長十郎梨の学習も、たくさんのことや人が繋がってつくりだされていきました。様々な出会いと繋がりが、大きな渦となって動き出したとき、想像もつかないパワーになっていきます。そして、子どもの心にも、学びの価値が深く染みていきます。

また、最初に描いたキラキラではない時にも、たくさんの人に支えられて乗り越えることができます。人の想いに向き合う仕事だからこそ、わたしたち教師も、自ら繋がっていくことを忘れてはいけないのだと思います。

何年たっても、何回、同じ学年を担任しても、一人として同じ子どもはいないし、同じ授業はありません。毎回、毎日、新しいことばかりです。それを大変とも言うし、面白いとも言うのではないでしょか。どちらを選ぶかは、自分次第です。

だから、ぜひ、一緒に授業をつくったり、子どもたちの話をしたりしませんか。教師という仕事は、決して一人ではできないのですから。学校は違っても、子どもの成長や授業づくりの話を語り合うのは楽しいですよ。まだまだ、元気が出る話、たくさん持っています。

（渡邉美春）

2　いっしょにやろう、あなたが教壇に立つのを待っている

(1) 教育は人をつくる

行政は法律をつくる。経済はお金をつくる。では教育は何をつくるのか。答えは「人」である。教育は人をつくる。こんなにも尊く、日本の未来を左右する職業が他にあるだろうか。私は教職という仕事の価値と魅力について読者に伝えたい。ただ、そのためには、教職の厳しさや難しさも隠さずに伝えなければならない。ここでは、自身の教師年輪を振り返りながら、難しさやしんどさ、それを乗り越えたときに実感できる教職の素晴らしさ等について書いていきたい。これを読んだ若き教職を志す人がその気持ちを強くしたり、まだ教職を目指そうか迷っている人の背中を押したりするような文章になることを願っている。最後までお付き合いいただけたら幸いである。

なぜ教師になろうと思ったのか。何か強烈な思いや使命感があったわけではない。親が安定した職業（公務員）を望んだこと、友達に教えることが好きだったことがきっかけだ。ただ、大学三回生で行った教育実習が大きかった。三週間の毎日が本当に楽しかった。これを仕事にできれば楽しいと心から思った。採用試験は、生まれ育った福井県と大学時代を過ごした滋賀県のどちらで受けるか迷ったが、福井県は小中高一括採用であったため、どうしても中学校で働きたかった私は滋賀県で受けた。当時の倍率は二十倍を超えていたと思うが、奇跡的に合格することができた。

最初の赴任先は、M中学校であった。全校生徒六百人程度の中規模校で、部活動が大変盛んな学校だった。周りの先生は生徒に厳しく接していた。それを目の当たりにした私は、急に責任感を感じてしまう。私も同じように生徒を統率しなければ……。「生徒に舐められてはいけない。教育実習とは違うのだ」。そんな風に思ってしまった。そこで私が力を入れたのは、周りの先生と同じように部活動であった。経験のない卓球部の顧問となったが、土日も返上で部活動に明け暮れた。三年目に県内で優勝するチームを作り上げた。生徒にも一目置かれる存在になり、舐められることはなくなっていた。部活動の保護者にも感謝されることもしばしばあった。ただ、授業や学級経営は上手くいっている実感がなかった。授業中の生徒の顔は活き活きしていない。学級も三年間持ち上がったが、卒業式では泣けなかった。違和感があった。例えるなら、靴に小石がはさまっているような違和感である。私が本当にやりたかったことはこれだろうか。教育実習の時に感じた楽しさはなかった。学生の時の教育実習とは違って当然、今はれっきとした給料が発生している教職についているのだ。そう自分に言い聞かせ、小石の存在に気づかないふりをしていた。そんな三年目の三月、異動はないと言われていた校長から急遽転勤を言い渡される。M中学校は新採三年間の勤務となった。

二校目は、同じ市内のH中学校。しかし同じ市内でも市立ではなく県立であった。県内に三校しかない中高一貫校である。はじめて、高校生に教える経験をすることになった。中学校は一学年八十人（二クラス）の計二百四十人、生徒は選抜試験（正確には適性試験）を受けて入学してくる。高校は一学年二百四十人（六クラス）の計七百二十人、うち八十人は内部進学生ということになる。一般の公立中学校とは少し違った環境で働くこととなった。ただ、ここでも力を入れたのは部活動であった。中学と高校の両方の部活動を担当し、六年計画で選手育成に取り組んだ。中学と高校

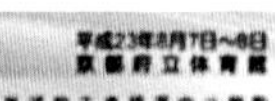

図 2-2-1　近畿大会出場時の著者

の両方の試合に引率するため、土日はほぼ対外試合等の遠征で埋まった。前任校以上に部活動一色の生活となった。結果、二年目で、高校でインターハイ出場。三年目には高校で県優勝二年連続インターハイ出場、中学校でも県優勝近畿大会出場を成し遂げた。結果を出すことで、ますます部活動にのめりこむこととなる。推薦入試で選手を集めるなど、一般の公立中学校教員では経験できないようなことも経験させてもらった。H中・高等学校在籍八年で、高校では七年連続の近畿大会と二回のインターハイ出場、中学では二回の近畿大会出場を果たした。このときの教え子六人が、今滋賀県内で教師として働いている。教え子の結婚式でスピーチもした。今でも連絡をくれて慕ってくれる者もいる。ただ。靴にはさまった小石の違和感はずっと続いていた。むしろ、違和感は強まっていた。その違和感の正体に気づくのは、次の勤務先であるO中学校に赴任してからであった。

(2) 小石の正体

市を一つ飛び越えてO中学校に赴任した。学校規模は初任のM中学校と同じぐらいで、全校生徒六百人程度の中規模校である。ただ、県内では有名な荒れの歴史がある学校であった。一学年の担任となった。生徒の質は前任校とは全く違った。授業が崩壊した。これまで十一年間やってきたことは何一つ通用しなかった。違和感の正体、小石の正体に気づいた。それは「教師本来の仕事のスキルが磨かれていない」ということであった。言うなれば、正しい教師年輪を刻んでこなかったということである。具体的に言えば、部活指導に明け暮れてばかりで、教師の本業である「授業」や「学級経営」、「生徒理解」等を疎かにしていたのである。H中学校の生徒は選抜検査を通ってくるような、いわゆる「できる子」「よい子」であったため、私の下手な授業でもおとなしく受けていたのである。ところが、O中学校の生徒はそうはいかない。私のつまらない授業に平気で「よくわからん」「おもんない」と声を上げる。必死で試行錯誤するものの、この十一年間部活指導ばかりで私には適切な対応策は皆無だった。学級指導も当然上手くいかない。これまでは強い部活動の顧問の先生というステータスがあったが、新しい学校でそんなステータスはあるはずもない。学級は落ち着かず、毎日のようにトラブルが起こった。合唱コンクールの合唱は、とても合唱と呼べるようなものではなく、保護者から心配の声が上がるほどであった。今思い返しても、本当につらい一年間であった。

なんとか一年間を終え、学年を持ち上がった。二年生に進級すれば状況は変わるかと期待したが、状況は全く変わらない。当然だ。私自身何も変わっていないのだから。授業も学級も上手くいかない。その影響もあってか唯一自信のあった部活動指導も順風満帆とはいかず、思うような結果を残せずにいた。そんな二年目の二学期、事件が起こる。クラスの男子生徒A男に顔面を殴られたのだ。A男は学年一ヤンチャな男子生徒である。四月には、同じクラスの女子生徒と取っ組み合いのけんかをして、女子生徒の髪の毛を束で引き抜いていた。私は二学期になってもA男と関係が十分につくれずにいた。事件が起こったのは、学年全クラスが体育館に集まっての合唱コンクールのリハーサルの場だった。A男はなんと、ステージで歌っている途中にステージから降りて、体育館から出ようとしたのだ。体育館を出ようとするA男を、私は力づくで制し、ステージに戻そうとした。そのやり取りの中でA男は私の右頬を殴ったのだった。私は、学年の全生徒が見ている前でA男に殴られたのだった。

(3) 自分が変わる決意

A男は合唱をひどく嫌がっていた。一年生のときは、本番はおろか練習でも全く歌わなかったと聞いていた。リハーサル直前も興奮し、ステージに上がるのを嫌がっていた。A男は歌が嫌いなわけではない。母親の話では、風呂からA男の歌声がよく聞こえてくるそうである。では、なぜA男は合唱を嫌がるのか。それは学級に信頼関係がないからであった。合唱とはいうのは、自己表現である。自己表現は安心・安全な環境でないとできない。A男は歌いたくても歌えない学級にイライラしていたのだった。当時の私はそれに気づけなかった。合唱コンクール本番、Aはステージには上がったが歌うことはなかった。合唱の出来もひどいものであった。それ以降、学級はさらに落ち着きをなくしていった。授業も一層上手くいかない。上手くいかない理由を生徒や保護者のせいにしかけたこともあった。もし、そうして自分を変えようとしなければ今の私は存在していないだろう。なぜ、そうしなかったのか。はっきりとは分からないが、おそらくすべては自分のせいだと気づいていたのだと思う。小石に見て見ぬふりをしていた自分のせいだと。教師本来の仕事に向き合っていなかった自分自身が招いた結果だと。私は、ようやく自分を変えようと決意する。教師十二年目にしてはじめて、私は学校外の研修に足を運ぶのであった。

一流企業の会社員や成果を出している商社マンが休日に身銭を切って研修やセミナー等で学ぶことは当たり前のことだそうだ。今やサラリーマンは転職をくり返しながらキャリアアップしていくのが普通である。激しい競争を勝ち抜くために自身に投資するのは当然のことなのだろう。かたや教師は、終身雇用が約束されており、一度その職に就けば大きな問題（飲酒運転や体罰等の触法行為）を起こさない限りはクビになることはない。そのことに胡坐（あぐら）をかいている教師は多いように思う。かく言う私もそうであった。身銭を切って参加する研修は、私を大きく変えた。いや、正確には変わるきっかけをくれた。そこで手に入る知識や技術ももちろんだが、それ以上に休日を返上し、学びに来ている人がたくさんいることに衝撃を受けた。部活動の練習試合で刺激を受けるのと同じように、研修に参加する他の教員から大きな刺激をもらったのだった。おかげで私は、これまでの授業のやり方、学級経営の考え方、そして生徒との関り方を大きく変えることができたのである。

変化はすぐに表れた。A男を持ち上がった四月、「先生、今年はなんか違うな」と面談でA男に言われた。学級目標は「柳内憲法」になった。教師十四年目にしてはじめて学級目標に自分の名前が入った。A男が体育大会の団長に立候補し、学級の前で所信表明し、全員から承認された。A男はこれを機に変わり始める。一年生の四月以来、はじめて真面目に掃除をする。服装等の乱れがなくなる。授業で積極的に発言するようになる。A男の変容を見たクラスメイトもまた変容していく。A男の変容は学級の質を向上させ、学級はまとまりを増していくのだった。極めつけは、体育大会の閉会式。A男は、全校生徒の前にしたスピーチで「こんな俺についてきてくれて、ありがとう」と言い号泣したのだった。これを機に学級は一気にまとまりを増す。この後の合唱コンクールでも、A男は三年目にしてはじめて歌っただけでなく、学級の中心として取組を引っ張ったのであった。

卒業を明日に控えた学級の解散式。A男はクラスメイトを前にして次のように語った。

1、2年の時の俺とは全く違うことをしてきたと思う。そうさせてくれたのは、このクラスだったからやと思う。1年間、本当にありがとうございました。

2年間、先生とはいろいろありましたね。(笑)
でも、こんなにしょう面からぼくとむきあってくれた事
いまでは、かんしゃしてます。先生とであって
私内クラスがあって(はずかしいが…)
ぼくはほんとうにたのしかったよ。(笑)。

図 2-2-2　A 男からの手紙

そして、卒業式後に私に上のような手紙をくれた。小石がとれた瞬間であった。A男の成長を実感できた瞬間であった。もちろん、学級一人一人の成長も。教師をやっていて良かったと十四年目にして腹の底から思えたような気がした。

おわりに

いかがだったであろうか。教師の人を育てるとい

う営みの一端が分かっていただけたなら幸いである。生徒の成長を実現することは簡単なことでなく、生徒と同じように、教師もまた成長し続けなければ、生徒を伸ばすことはできない。私の場合は外の研修への参加が結果としては必要であったが、これは人によって異なると思う。ただ、私ほどではないにしろ、教師という仕事の素晴らしさを実感するには時間がかかるだろう。ただ、自らの信念（何のために教師を志したのか）を忘れさえしなければ、必ずや「教師という職の尊さ」を実感することができると断言したい。人を育てることは、やはり素晴らしいことであり、教育の尊さはそこにある。そして、小石は完全にはなくならない。今も私の靴には小石が存在している（多少は小さくなっているように思えるが）。つねに学び続ける教師でなければ、生徒の前に自信をもって立つことはできないのだ。教師を志すあなたには、教育の素晴らしさ・尊さを理解するとともに、それを実現するための覚悟を持ってほしい。今の日本の教育は大きな変化の時代を迎えている。あなたの熱が日本の教育界には必要である。いっしょにやろう、目の前の子どもたちのために。あなたが教壇に立つのを待っている。

（柳内祐樹）

3　高校教育現場での多様な役割と自分自身の変容

(1) 教職は魅力のない仕事なのか

昨今、教職は「ブラックな仕事」と話題に上がることが多い。確かに、常識の範囲を超えた実質勤務時間、教室内だけでなくネット上でも発生するいじめ問題、モンスターペアレンツと呼ばれるクレーマー保護者への対応、競技経験がなくても指導を求められる部活動など、その要因を挙げればきりがない。報道の過熱化もあるだろうが、「火のないところに煙はたたない」のも事実であり、確かに学校現場は疲弊している。本来ならば、児童生徒との時間を最優先とし、彼らに寄り添い、支援するはずの教員が、その時間を確保できず、本来の業務とは異なる部分で日々疲弊している現状は大きな問題と言えるだろう。これらの影響もあるのだろうが、大学の教員養成系

表 2-3-1　国公立大学教育・教員養成学部の志願者推移 [1]

大学名	2019 年度			2010 年度	
	募集人員	志願者数	2010 年度志願者数対比	募集人員	志願者数
茨城大	222	1092	− 614	276	1706
埼玉大	284	973	− 844	415	1817
東京学芸大	884	3111	− 963	925	4074
横浜国大	134	308	− 1145	390	1453
新潟大	180	661	− 933	309	1594
山梨大	106	644	− 717	163	1361
静岡大	225	847	− 551	307	1398
愛知教育大	707	2685	− 531	758	3216
大阪教育大	723	2850	− 1285	879	4135
福岡教育大	459	1543	− 1362	546	2905
佐賀大	92	386	− 543	204	929
大分大	105	726	− 774	191	1500
宮崎大	82	424	− 528	192	952

学部の志願者減が話題になっている。

表2-3-1によると、リーマン・ショック（二〇〇八年）後の公務員人気が高い時期との比較とはいえ、その推移は注目すべき問題である。高度経済成長期、バブル期など過去にも教員が不人気な時代も存在した。しかし、「ツライ仕事」「難儀な仕事」として認識され、避けられたことはなかっただろう。

このような事態に直面した時に、二十五年以上にわたり学校現場で日々を過ごしている者として、教員という仕事を捉えなおす必要があると考えた。教員とは忌避すべき仕事なのか。魅力のない仕事なのか。そして、令和の時代を創り上げていくために教員に求められることは何なのか。自分自身の体験を振り返り、改めて見つめ直したい。それらを通じて魅力が伝わり、一人でも多くの若者が教員を目指してもらえるようになったら幸いである。

本稿では、教科指導（授業）、生徒指導（学級経営）、課外活動（部活動）について、私自身の体験や先輩教員、後輩教員の実際などから、その魅力について論じていきたい。そして、最後にこれから教員を目指す方へのメッセージを添えるものとする。なお、私自身が静岡県公立高等学校の地歴／公民科の教員であるため、これらの体験や実例は、高等学校におけるものであることを最初にお断りしておく。

(2) 教科指導が教員の主業務

教員の主業務として真っ先挙げられるのは「教科指導」であろう。「授業」を通じて児童生徒の学習を支援していくことこそ、教員の魅力が一番詰まっている部分である。先ほどまで「う～ん」と唸りながら分からない顔をしていた生徒が、なにかのきっかけで「あ、そうか！」の言葉とともに一瞬にして輝く顔へと変化する、いわば目に見える成長の一瞬を見られるのは教員にしか味わえない醍醐味の一つだろう。ましてや、そのきっかけとなったのが自分の狙った指導だったりした時には「してやったり」な充実感と達成感を感じることができるものである。

私自身の「教科指導」を振り返ると、前半の二十年と後半の五年ではまったく違ったアプローチをしている自分に気づく。前半の二十年は分かりやすい授業、生徒の興味を惹く授業が私の目指すものであった。高等学校では、教員免許がそれぞれの教科ごとに設定されているだけなく、授業で取り扱う内容からより高い専門性に細分化される。例えば教科「地理歴史」においては、同じ歴史科目でも「世界史」「日本史」といった区別があり、それぞれの専門性に応じて教員配置を配慮するといったことも往々にしてある話である。その背景にあるのは、より高い専門性を有していれば良い授業ができるといった考えである。そのため、当時の私はより高いレベルの知見を求め教材研究を進め、それらを分かりやすく説明するための話術を磨き、エンターテイメント性の高い台本（授業計画）を作った。この頃の私には、明確な目標とする教員がいた。私の生涯の師の一人である大手予備校の人気講師（日本史）のI先生である。

大学入学後も付き人として四年間にわたり師の授業を間近で見たこともあり、私の前半二十年の授業スタイルはここで作られたといっても良い。時代は昭和から平成に移り変わり、受験戦争などという言葉が華やかだった。時代にマッチしていたとも言えるだろうが、「受験日本史」で結果を出す授業こそ求められると信じ、「師に追いつけ追い越せ」を目標に自分の授業を確立しようとしていた。

しかし、高校生は多様である。就職を志す生徒もいれば、専門学校への進学を志す生徒もいる。三年間の実績を材料にした推薦、ＡＯ入試などの方法で大学進学を志すものもいる。そのような現実の中で、「受験への対応がすべてなのか」「知識を与えることが授業でよいのか」「授業でどんな力をつけるべきなのか」の問いが、ふつふつと自分の中にこみ上げてくるようになった。また、教育理論（認知心理学）を学んでいくうちに、エキスパート・ノービス研究（熟達者・初学者研究）を知り、高い専門性がより良い授業をすることに繋がるという考えに疑問を持ち始めるようになった。そんな時に、幸運にも上越教育大学大学院に派遣研修に行く機会を得た。この二年間で「キャリア教育」に出会えたことが、これらの疑問に対する解決の糸口となった。それまでの「出口指導」のための授業から「生き方あり方」指導の授業へ。ＬＨＲや学校行事、部活動などを通じて行っていた仕掛けを日常的な授業の中で取り込んでいく。その新しい目標が見えた時に今までとは異なった授業へのアプローチを考えるようになった。

だが、具体的な授業展開をどのようにするのか、模索の日々が続いた。そんな中で出会ったのがアクティブ・ラーニングである。偶然にも総合学科高校の創立に関わり、総合学科、総合的な学習の時間、アクティブ・ラーニングは同じベクトル上で出てきたものであり、今後の日本に必要な力を育成する教育＝キャリア教育に避けて通れないものであることを理解した時期でもあった。タイミング的にもアクティブ・ラーニングが話題にあがり、様々な情報、実践が紹介されていた時期であったのも幸運だったと思う。まずは知ろう、試してみようと、ありとあらゆる理論、方法に挑戦した。

その時に知ったのが、上越教育大学の西川教授が提唱する『学び合い』という考え方にもとづく授業である。そのシンプルな理論から実践しやすいと思い、チャレンジを始めた。すると、今までとは生徒の様子が全然違うことに気づいた。生徒たちが生き生きと学んでいるのである。特に指示をしなくても自然と生徒たちが関わり合い、「なんで？」「あ、そうか」「おお、分かった！」など私が何年かに一度しか味わえなかった瞬間が、毎時間において各所で見られるのである。その当時の生徒の言葉が未だに心に残っている。

「先生、〝勉強〟するのと〝学ぶ〟ことの違いが分かったような気がする」。

この言葉を聞いた時、「積み上げてきた実績とはなんだったのだろう……」「今までの授業とはなんだったのだろう……」と様々な思いが私の中にめぐった。そして、すでにベテランといわれる域に達している年齢、キャリアだったが、「自分は初任者」と公言し、教員としての再スタートを切ると決心した。私が、「教科専門性を追求する教員」から、「教職専門性を探究する教員」に変わった時であった。

それ以降、生徒たちが生き生きと、自ら学んでいく様子が目前にある授業が楽しくて仕方がない。教科指導の醍醐味、それは蛹(さなぎ)から蝶に脱皮する際に感動するのと同じ感覚かもしれない。その感動を日常的に味わえる立場にいるのが教員の魅力と言えるだろう。

(3) 生徒指導

「先生」という言葉から連想する教員はどんな立場の教員であろうか。様々な教員が挙がると思うが、おそらくその中には「担任の先生」が入ってくるだろう。一番身近におり、多くの言葉を交わした相手こそ担任だったのではないだろうか。教員の「やりがい」としても、その最たるものは「クラス経営」であろう。自分のクラスをもち、クラスメンバーの一人一人に寄り添い、それぞれに最適の指導を行う。教員としての思いと力を発揮し、自分の個性を反映できるクラス経営は檜舞台とも言える。また、卒業後に就職する生徒からすれば高校三年の担任は「自分にとって最後の先生」であり、その後も様々なつながりを持つ可能性が高い。そのような空間だからこそ、「教員としての生き方あり方が問われる」といっても良い空間であろう。

私自身のクラス経営は、幸運にも一年→二年→三年と持ち上がった場合が多く、生徒の成長とともに私のクラス経営の経験値も増えていった。どの年代も思い出に残るクラスばかりだが、その変遷を見ると私自身の変化にも気づく。二十代〜三十代前半は生徒たちの「良き兄貴分」として、彼らの先頭に立ち、「私のクラス」を作ることに躍起になっていた。学校行事、クラス活動などでは率先して生徒たちと同じことを行い、楽しい瞬間を同じ目線で分かち合い、クラスに問題が起きれば私が正しいと思う方向へクラスを導いていった。生徒たちに恵まれたこともあり、彼らも私を頼り、保護者からも「まずは担任の先生へ」という風潮が常であった。当然、私の充実感は大きく、「このクラスは私でなければ成立しない」と考え、その経営手腕に自信も持つようになっていた。卒業式の時、クラス全員と一緒に感涙しながら退場したことは生涯忘れられない光景である。まさに「学級王国の王」になっていた時期であろう。

三十代後半になると、クラス経営だけでなく学年全体を考えるようになった。同じ世代の担任も多く、互いが違う感覚を持ちながらも学年全体をどうしていきたいか、そのためにクラスをどのようにしていきたいのか、などについて熱い議論をしたものである。今にして思えば、学年主任が個性の強い担任集団をうまくまとめ、それぞれの能力を存分に発揮できる環境を整えてくれていたと感謝している。このことが私のクラス経営手腕に幅を与えてくれた。信頼できる同僚と手腕を認め合い、互いの長所を生かし短所をカバーしあうことで、クラスを今までとは異なった集団へと成長させることが体験できたのである。多様な指導者が共存するクラス経営を受け入れたことで、自分の能力以上の仕事ができると実感した時であった。そして、ともすれば画一的になっていたクラスの価値観が広がり、今までは気づけなかった生徒の長所を伸ばすことができるようになった。クラス経営の円熟期に突入したと時期と言えるだろう。

ところが、四十代に突入するとクラス経営に今までとは違った壁に直面した。私と生徒との関係性に距離ができるようになったのである。もう「よき兄貴分」とは捉えてもらえない年齢になり、「うざいオジサン」とは共有できない価値観が多くなったことが要因であろう。それにもかかわらず、従来と変わらない経営方針で生徒に接していたことにより、生徒との関係性が薄れてしまった私の失態であった。

この時になって初めて「クラスとはなにか」「クラス経営とはなにか」を捉え直すことになった。クラスをどう運営すべきなのか、教員はいかに振舞うべきか、生徒とどのような関係性を築けばよいのか、苦悶する日々が続いた。しかし、そんな私を尻目に、生徒たちはごく自然にクラスを形成していった。

ある時、私の指示には肯(がえ)んじなかったのに、後日には仲間の指示に従うような場面が見られた。その理由が分からず生徒に問うた時、「これはクラスの皆で決めたルールだから」と即答された。その一言が、苦悶の私を救う気付きを与えてくれた。それは「クラスは生徒のもの」であり、「クラスは生徒がつくるもの」という当然のことであった。生徒たちは自分たちがつくり上げたこと、納得したことに関しては準じて行動し、自分たちの集団文化を、自分たちで形成できる有能者である。それを認めた時、教員は何をすべきか。それはクラスの方向性を示し、彼らが安心して活動できる環境を整えることであると気がついたのである。「方針はこうだ、やり方は任せる、責任は俺が取る！」と言えばドラマ仕立てに聞こえるかもしれない。しかし、彼らの裁量を認め、彼ら自身が納得できる活動と安全を保証することが、「生徒自身の居場所」であるクラスの最善の形であり、私（教員）のクラスへの関わり方として最善の形だと考えるようになった。これ以後、私のクラス経営方針は「クラス全員が納得できる決定を、皆で考え、実行する集団」を目指すことになった。その実現のために「自分たちのクラスをどうしたい？」「皆はどのように考える？」と問い続ける日々を送っている。そして、生徒たちが同じ目標に向かって、自分たちで考え、決定し、行動することで結果を同じように享受し、さらなる高みに向かってチャレンジを続けている姿を見られる楽しさと、今までとは違うクラス経営の充実感を味わっている。

生徒たちが「自分の居場所」を自分たちでつくり上げていく。それはクラスから始まる人間関係が地域社会へと広がっていくことに繋がる。これからの社会の担い手を育てている実感を得られるのも教員の魅力の一つであろう。

（4）課外活動

昨今、教員のブラック残業の典型例として挙がるのが部活動である。確かに部活動は教員の正規業務ではない。しかし、世間的には学校が管理して教員が指導する活動として認知されている。その矛盾こそが教員の負担に繋がっている原因であろう。特に高校では活動範囲が全国区になる場合があり、非正規業務にもかかわらず膨大な時間と労力を必要とされる場合も多い。時には、家庭を犠牲にして指導にあたっているという例も少なくない。「（部活名）未亡人」とか「（部活名）孤児」などという笑えない冗談が囁（ささや）かれているのも事実である。

しかし、私自身も自分が競技経験のない運動部の顧問として二十年以上を過ごしているが、不思議と負担と感じたことはあまりない。なぜだろうと振り返ってみると、部活動に関わった時間が、むしろ普通では得ることのできない貴重な体験と、教員として現在に繋がる考え方の原点になっているからだと気付く。

私は、二十年以上にわたってサッカー部の顧問としてグランドに立っている。静岡県という地域柄、サッカーは盛んであり、その活動はオフシーズンがない日程で行なわれる。しかし、私自身にサッカーの競技経験はない。そんな私が、なぜサッカー部の顧問になったのかは未だに分からない。教員として赴任した初日、教頭より「部活動はこれでお願いします」と言われ示されたのがサッカー部であっただけである。しかも、その学校は全国大会優勝十三回、Jリーグ選手を数多く輩出し、W杯やオリンピックにも複数の卒業生が名を連ねる名門校であった。

「まずは一年間、やるだけやってみよう」と右も左も分からないまま活動についていく日々が始まった。当時、部員数は八十名以上、しかもそれぞれが相当のレベルで活躍できるチームである。私がなにを教えるなどということはなく、むしろ生徒たちについていけてないのが現実であった。しかし、当時における高校サッカーの最高レベルを身近に感じられたのは幸運であった。生徒たちがどのような思いで日本一を目指しているのか。日本一になった時に見える光景とはなんなのか。自分自身では実現できない次元の体験を、生徒を通じて体験することが出来た。また、それだけやっても報われない厳しい現実も目の当たりにした。

忘れられない光景がある。一年目のチームは全国優勝候補の筆頭にあがるチームであったが、残念ながら県大会準決勝で敗退した。「あれだけやっても勝てないのか」と感じながらロッカールームに戻った時、中から大きな泣き声が聞こえてきた。それは、敗戦後もファンの声援に応え、堂々とピッチから引き上げてきた生徒たちの慟哭であった。しかも、自分が泣いていることに気づいていないかのように、手を握り締め、前を向いたまま涙を流している姿を目の当たりにした時、ものすごい感動と「とんでもない世界に足を踏み入れてしまった」という思いが交錯したことを覚えている。それ以来、その感動を再び味わいたくて、私はサッカー部顧問へと身を投じるようになった。そして、その感動は部活動に限らず高校生活全般に当てはまるものだと考えるようになり、「最後（卒業式）に前を向いて涙を堂々と流せる三年間を過ごそう」と毎年生徒に語るようになった。

このような経緯がありサッカーに関わり続けているわけだが、競技未経験ということは変えられない事実である。生徒に指導をしようとしても、生徒の方が上手にボールを扱えるのだから指導などできるはずもない。そんなことを重荷に感じている私に対して監督が掛けてくれた言葉を未だに覚えている。

「自分にできないことをやれる生徒に出会えたことを幸せに思わないと……」「私もずっと生徒からいろんなことを学ばせてもらっているよ」。

この言葉を聞いた時、肩の力がスッと抜けると同時に、これだけ全国大会で優勝し、多くの日本代表を育てている人であってもまだ学び続けているのか……と驚いた。そして、教室だけでは出会えなかった才能と出会える貴重な場所と機会が自分には与えられていることに気づかされた。それ以来、自分にしかできないスタンスで生徒から学ばせてもらおう……と考え、正規業務ではないにせよ私自身が成長するために部活動に関わりたいと思い、積極的に活動に関わるようになっていった。

では、自分にしかできないスタンスとはなにか。私はスポーツには六つの関わり方があると考えている。①競技者（プレーヤー）、②健康増進（フィットネス）、③娯楽（レクレーション）、④応援（サポーター）、⑤経営（マネージメント）、⑥指導（コーチング）である。どうしても部活動指導といえば⑥の関わり方を考えてしまうが、⑤の考え方が私の部活動へのスタンスである。

具体的に言えば、私は部活動顧問としてチームの方向性を示し、その実現のために必要なコーチングスタッフを選び、指導を任せている。昨今では、外部指導者制度などがあるので珍しい形態ではないだろう。では、そのようなコーチングスタッフをどこから見つけるのか。それは、「地域」である。地域社会には、年齢に関係なく、適切で優秀な競技指導者が数多くいる。そのような人材と学校を結びつけることができるのは、教員にしかできないことである。カリキュラム・マネジメントでは「地域に開かれた教育課程」として教員と地域の関係を定めているが、まさに地域と連携することで部活動をマネジメントしていくことが、これからの部活動指導と言えるのではないか。また、教員をやっているとすべてを自分が背負い込んでしまい、他者を活用するというスタンスを忘れがちになる。しかし、クラス経営でも述べたが、指導者が異なった複数の価値観を認めることは生徒にとってもプラスになることが多い。私は、この点からも積極的に地域人材を活用することのメリットを感じている。

このように、教科指導とは違った面から生徒の長所を見つけ、組織マネジメントの視点から子どもを育てていく実感が味わえるのも教員の魅力の一つと言えるだろう。

(5) 教員を目指すあなたへ

現在、日本は大きな転換期を迎えている。平成三十年秋には「新卒一括採用の見直し」が経団連から提言され、平成三十一年四月に企業と大学側で合意に達した。令和元年五月には豊田章男氏（トヨタ自動車株式会社代表取締役社長）が「終身雇用」が継続困難な現状にあることを明言した。これらは、昭和~平成を生きてきた世代の是としていた就労モデルや価値観が大きく変わることを意味している。その変化に対応するためには、そこに至る過程も変化しなければならない。つまり学校に大きな変化が求められているのである。それが現在進行している学校改革である。表2‐3‐2で示すように、この改革は「行動主義」から「社会構成主義」への転換、あるいは「学校化された学び」から「真正の学び」への転換と言える。まさに「教育のパラダイム転換」がおきているのである。

これからの時代を表す言葉に「Society 5.0」がある。狩猟社会（Society 1.0）、農耕社会（Society 2.0）、工業社会（Society 3.0）、情報社会（Society 4.0）に続く、サイバー空間（仮想空間）とフィジカル空間（現実空間）を高度に融合させたシステムにより、経済発展と社会的課題の解決を両立する人間中心の社会と定義されている。この社会の特徴は「個別化」「総合化」「非同時化」「分散化」「適正規模化」「地方分権化」と言える[2]。それらに対し、学校に求められる対応をまとめたものが表2‐3‐3である。

この変化を見ると、従来の学校のあり方や教員の考え方では対応が困難であることが分かるだろう。対応できるのは、新たな価値観を持って新しい社会に参画して

パラダイム転換

<table>
<tr><th>構成主義</th><th>社会構成主義</th></tr>
<tr><td>ピアジェ</td><td>ヴィゴツキー、レイブとウェンガー</td></tr>
<tr><td>真正な学習</td><td></td></tr>
<tr><td>知識は一人一人が自ら構成するもの</td><td>知識は社会的な営みの中で構成するもの</td></tr>
<tr><td>学習者の事前知識から事後知識への質的変化</td><td>学習者の事前知識から事後知識への質的な変化共同体の社会的な営みを通した内化</td></tr>
<tr><td colspan="2">学習者中心</td></tr>
<tr><td colspan="2">能動的・自律的</td></tr>
<tr><td colspan="2">真正な課題</td></tr>
<tr><td colspan="2">経験による学習</td></tr>
<tr><td colspan="2">学習のファシリテーター</td></tr>
<tr><td>LOGO
マインドストーム</td><td>CSCL
e ラーニング</td></tr>
<tr><td colspan="2">真正な評価</td></tr>
<tr><td colspan="2">継続的</td></tr>
<tr><td colspan="2">学習者のパフォーマンスの主観的な評価</td></tr>
<tr><td colspan="2">学習活動のプロセスを通した学習成果物や記録を重視</td></tr>
<tr><td colspan="2">学習に埋め込まれた評価</td></tr>
<tr><td colspan="2">ポートフォリオ</td></tr>
<tr><td>セルフ・アセスメント</td><td>ピア・アセスメント（専門家による）他者評価</td></tr>
</table>

No.2、pp.245-263、2008）

表 2-3-2　教育の

<table>
<tr><td></td><td></td><td>行動主義</td><td>認知主義
情報処理的アプローチ</td></tr>
<tr><td rowspan="11">学習</td><td>主な理論家</td><td>スキナー</td><td>ガニエ</td></tr>
<tr><td>特徴</td><td colspan="2">学校化された学習</td></tr>
<tr><td>知識観</td><td colspan="2">知識は普遍的に真なもの</td></tr>
<tr><td>学習観</td><td colspan="2">知識伝達</td></tr>
<tr><td>主体</td><td colspan="2">教師中心</td></tr>
<tr><td>学習者の態度</td><td colspan="2">受動的</td></tr>
<tr><td>学習課題</td><td colspan="2">学校化された課題</td></tr>
<tr><td>学習の傾向</td><td colspan="2">暗記中心の学習</td></tr>
<tr><td>教師の役割</td><td colspan="2">知識の提供者</td></tr>
<tr><td>情報システムへの運用</td><td>CAI
ティーチング・マシン</td><td>知的 CAI
知的チュータリング・システム
エキスパート・システム</td></tr>
<tr><td rowspan="7">評価</td><td>特徴</td><td colspan="2">学校化された評価</td></tr>
<tr><td>評価期間</td><td colspan="2">ある時点</td></tr>
<tr><td>評価形態</td><td colspan="2">テストの客観的な評価</td></tr>
<tr><td>評価される対象</td><td colspan="2">テストの点数を重視</td></tr>
<tr><td>評価のあり方</td><td colspan="2">学習と切り離された評価</td></tr>
<tr><td rowspan="2">評価方法</td><td colspan="2">テスト</td></tr>
<tr><td>能力測定</td><td>学習プロセス同定と
診断的評価</td></tr>
</table>

森本康彦「e ポートフォリオの理論と実際」（『教育システム情報学会誌』Vol

表2-3-3　「Society 5.0」で学校に求められる対応

個別化	生徒それぞれの個別の学び＝教育課程の個別化
総合化	教科横断的、年次縦断的な指導
非同時化	学ぶ機会・時期の自由を保障
分散化	学校以外の学習場所の確保
適正規模化	それぞれの能力に応じた学びと評価
地方分権化	それぞれの地域事情に適合した独自の学び

いく教員である。まさに、現在の教育界はそのような人材を求めているのである。そのような人材とは誰か。それは、五十代の教員ではない。令和の時代を切り拓いていく二十代の皆さんである。これからの世代が、新しい社会を創るために、新しい学校を創る。とてもやりがいのある仕事ではないだろうか。自分で日本の未来を創り上げることができる魅力的な仕事といえるのではないだろうか。

私は、これから求められる仕事とは世代によって違う、という認識を持っている。私を含む四十～五十代は残念ながら旧来の価値観に縛られている者が多い。だからこそ、この「世代の仕事」とはそのような仲間を引き連れて、次の世代へと道を空けることだと考えている。そして、その空いた場所に道を作り、歩くのが二十～三十代の「世代の仕事」になるだろう。これからの日本は、教員を目指す皆さんによってつくられる。より良い日本を創り上げていくために、世代間をつなぐバトンを受け取ってもらいたい。皆さんに期待するや切である。

（鈴木庸介）

〈参考文献・資料〉

（1）https://dot.asahi.com/photogallery/archives/2019030800064/1/ の表を元に作成。
（2）西川純『２０３０年教員の仕事はこう変わる』（学陽書房、二〇一八）四二頁、から作成。

4　楽しい授業づくりが教職最大の魅力

（1）生徒の授業感想をもらえることが教員の魅力

最初に生徒の感想を紹介します。

理β（理科Ⅰ生物・地学分野）は、私は成績はさっぱり……、だったのですが、授業は全体を通して、とても楽しかったし、プリント授業の時などは「次の時間なんや~?理β?　やったー!」みたいな感じで、待ち遠しく感じたほどでした。

高校入学当初は、「なんじゃこりゃー!?」と先行き不安でしたが、こうして一年間の理βの授業を振り返ってみると、「あー、先生でよかった」と改めて感じます。

「授業通信むしめがね」は先生が中風かなんかで手が動かなくなるまで続ける覚悟で、後輩のみんなに広げていってほしい。みんなの感想の中には「こんなのやめてほしい」と書いた人は一人もいなかったと思います。毎時間、眠くなるような、いろいろな授業の中で、唯一理βだけははりきって、いろんなことを言って、いろんなことを書いて、ふと、気がついたとき、「生存競争」「有袋類」のこと「細胞」のことなんかを、他のどの先生に習った生徒よりも、深く理解できているクラスであると私は確信しています。

何にせよ、楽しい授業をありがとうございました。

私は、高校の理科の教員です。これは、私が教員になった三十年ほど昔（一九九〇年頃）に、当時、担当した生徒が書いた一年間の感想です。こういう感想がもらえるとうれしくなります。私が、現在まで教員を続けてきたのは、こんな感想がずっともらえてきたからだと思います。このような感想がもらえ続けることが、教員をしていることの魅力ではないでしょうか。

（2）私が教員になろうと思った理由

私は大学に入学してから、高校時代に部活動で参加した科学講座で知り合った先生の縁で、近くの石川県立中央児童会館の化学実験クラブをボランティアで手伝っていました。そのクラブはサロン的な雰囲気のあるところで、科学教育に関心のある方がたくさん訪れる場所でもありました。

大学三年の七月のことです。そこで知り合った高校の先生から、あるレポートをいただきました。そのレポートは手書きのもので、「基礎概念作りとモノを作ることを柱とした化学の授業」というタイトルでした。このレポートに書かれている内容は、私にとって、とても衝撃的なものでした。というのは、そのレポートには、「化学は好きじゃなかったけど、先生の授業になってから楽しく受けることができた」「高校三年間で一番楽しかった授業でした」「化学の時間が待ち遠しかった」「こんなすばらしい授業は一生忘れない」という生徒の授業の感想がたくさん載っていたからです。

それまで私は授業の感想というのを読んだことはありませんでした。私が高校生のとき、教育実習生から「授業の感想」を書くことを頼まれたのですが、何も書くことがなかったのを覚えています。そもそもそれまで、感想が書けるような授業を受けたことがなかった気がします。授業での先生の余談がおもしろかったり、内容に興味を引かれることがあったりしましたが、その感想のように「授業が楽しい」と感じたことはありませんでした。

そういう状態だったので、「授業が楽しい」というのは、とても衝撃的だったのです。そして、さらにその先生から、〈それは個人の名人芸ではなく、確かな内容と方法で授業を行えば、誰でも楽しい授業ができる〉と教わったのです。授業が楽しい、そしてそれが誰でもできるというような話を聞くと、〈自分でもできるのではないか〉という気がしてきます。

ちょうどその年の十月に教育実習があり、実際に授業をする機会がありました。そこで、その先生から、授業の教材や進め方などを教わり、実際に授業をしてみることにしました。その結果、生徒から「授業が楽しかった」と感想がもらえました。これはとてもうれしかった記憶として残っています。たとえ経験が不十分な教育実習生であったとしても、確かな内容と方法で授業を行えば、生徒が楽しいと感じてくれる授業（楽しい授業）ができるということを実感しました。

私は、未知のことを解明していく科学に魅力を感じて、大学は理学部生物学科に進学しました。しかし、楽しい授業ということを知ったことで、たとえ既知のことであっても、そのことを知らない人に楽しく伝えていくこと、すなわち「教育」ということがとても魅力的に思えたのです。そう感じたときに目の前がすーっと広がっていく感じがしたことを、今でも、覚えています。

そこで、こういう経験をずっと続けたいと思い、教員を目指すことにしたのです。ちょうど生徒増とバブルの時代で採用試験の倍率が低い時代だったこともあり、幸いにもすぐに教員になることができました。

(3) 確かな内容と方法とは

大学時代に出会った先生から、確かな内容と方法ということで紹介されたのは「仮説実験授業」でした。最初の生徒の感想にあったプリント授業とは、仮説実験授業のことです。

仮説実験授業とは、今から五十年以上前の一九六三年に国立教育研究所(当時)の板倉聖宣氏(国立教育研究所名誉所員、私立板倉研究室)によって提唱されたもので、「科学上の最も基本的な概念や原理・法則を教えることを意図した授業」です。「問題」

「予想」「討論」「実験」という四つの段階から成り立っていて、授業書という一連の教科書兼ノートのプリントを用いるのが特徴です。授業書の問題などの配列は、科学史を基に、科学者がどのような過程でその原理・法則、概念を認識（発見）してきたかということを研究し、子ども（生徒）が、一番感動を持って認識できる配列に作られています。

そして、問題に対して予想することで、考えを深めることができるようになっています。最初は、生徒は「カン」「なんとなく」という理由で予想を立てても、次第に、それまで学んだことを基に、予想を立てるようになっていきます。このことにより、思考力や判断力がつくようになってきます。問題を繰り返すにつれ、その原理・法則などを自分の中で定着させていきます。また、予想分布の結果から、自分の考えと別の考えがあることを知ります。予想の理由を発表してもらうと、〈そんな考えがあるのか〉と知ることができます。

意見が違ったものの間で、討論が起こる場合があります。討論が起こると、そこでさらに認識が深まります。問題の結果は実験により決着が付けられます。そのため、討論でいくら勝っても、実験で負けるということがあります。これは、実際の科学において、議論により真理が決まるのではなく、実験により決まるのと同じことで、〈真理は多数決では決まらない〉ということを実感することができます。こういう過程が授業を受けている人にとっては大変楽しいのです。

なお、仮説実験授業でいう実験とは、普通イメージする「浸透圧の実験」とか「顕微鏡の観察」や、「ナイロンの合成」などの操作を主体とした実験とは異なります。〈対象に対して目的意識的に問いかける行為〉を仮説実験授業では、「実験」と呼んでいます。そのため、生徒が直接体験をすることは特に重要視せず、教師実験および、実験結果の「お話」も実験としています。

そして、仮説実験授業では、授業の評価の基準としては、子ども（生徒）が授業を楽しいと感じるかどうかということを重要視しています。

(4) 他人から学ぶ

仮説実験授業は、主として小学校や中学校を中心として実践されていましたが、私が教員になった頃、高校の生物の授業でもやりやすい《生物と細胞》の授業書が完成したこともあり、高校で仮説実験授業を行う教員が増えてきた時代でした。そのため、仮説実験授業関係の研究会などで、全国の多くの方と知り合うことができました。その方たちから、仮説実験授業を中心として楽しい授業をするための情報をたくさん教わることができました。そして、教わったことを授業で実践していくと、楽しい授業ができたのです。

仮説実験授業に関わる人たちの特徴として、校種・教科が様々だということがあります。校種も小学校、中学校、高校、特別支援、大学などの人が、さらに理科だけでなく、国語、算数・数学、社会、美術などいろいろな人が入り交じっているのです。普通、高校の理科の教員だと、学校での関わりや私的な付き合いを除くと、同じ校種・同じ教科でのつながりしかないのが普通です。ところが、校種・教科が様々な人たちとつきあうことで、普段の勤務している高校とは異なった視点や考え方、そして高校ではあまり知ることができない情報を得ることができました。これは教員生活をするうえで、とてもプラスになりました。

自分一人でできることには限界があります。他の人と関わることにより、自分一人ではできないことができるようになってきます。また、自分でゼロから作ることは大変です。しかし、既にあるものを学ぶことにより、そこから始めることができます。

私は他人から学ぶことで、いろいろな技術や知識を得ることができました。そして、そのおかげで教員を続けることができたのだと思います。

（5）感想を書いてもらうということ

高校生は、たとえ授業が楽しかったとしても、それを体で表現するというのはあまりありません。反応があまり見えず、シーンとしていることも多いのです。ところが、感想を書いてもらうと、いろいろなことを書いてくれます。

「こういう授業なら生物も好きになるかもしれない」「予想が外れて生物がおもしろい」「考えを出し合うことはおもしろい」「理科に対するイメージを変える授業」というような授業方法に関することや、「毎時間新しい発見があった」「まだまだ知らないことがあった」などという授業内容に関する内容を書いてくれます。

そして個々の内容については、例えば、《生物と細胞》という授業書で細胞説を学ぶと、

今まで「細胞」というと、体の中にあるものということで、気持ち悪いという

イメージがあったので、いつも食べていた物なんかが〈細胞です〉とわかったとき、げーっと思ってしまいました。家に帰って、焼き肉を食べたとき、あぶらみでお肉を焼いたのだけど、お母さんに「これ細胞やよ」と言ったら、「変なこと言わんといて」と言われた。

自分の体から細胞1コ取り出しても、体温と同じ温度に保ち、細菌やカビが入らないようにして、栄養を与えれば、ビンの中に入れておいても伸び縮みし、やがてその速さまで同じになるなんて……。この話を知って「やっぱり細胞は生きている！」って思った。

《宇宙への道》という授業書で、地球から宇宙について学ぶと、

一番印象に残ったことは、地球を千分の一の模型で考えたとき、山の出っ張りや海のへこみはほぼないに等しいと学んだときです。授業の前までは、海はどのくらい深いのだろうと疑問に思っていたけれど、へこみぐあいを知って、地球の大

きさを改めて認識できた。
《もしも原子が見えたなら》という授業書で、分子模型を用いて原子論について学ぶと、
化学は嫌いではないが、分子のつながりが今いちはっきりしませんでした。しかし、授業中何度も分子のモデルを見ているうちに、なんとなくわかったように思う。
《生物と種》で種概念を学ぶと、
普通の授業は大切な用語だけを書いていくだけだけど、この授業は、いろいろな例や問題を出しながらだったので楽しかった。今までは見当もつかなかった動物がいて、驚いてばかりだった。
授業では顔色一つ変えず、黙っていて、反応が何も見えない生徒がいます。とこ

ろが、感想を書いてもらうと、こういった生徒でも「今日の授業は、驚きがいっぱいあって、とてもわくわくした」というようなことを書いてくる場合があります。こういった感想を読むと、生徒が授業をどう受け取っているのかなどが、表面的に見えなかったことが見えてきます。授業の感想は、見えないものを見る一つの方法と言えます。

私は、これまでいろいろな高校に勤務してきました。そこには、やんちゃな生徒、おとなしい生徒、騒がしい生徒、静かな生徒、まじめな生徒など、いろいろな生徒がいました。そういった生徒の内面を、感想を通して知ったことで、生徒が授業を歓迎してくれていることがわかり、生徒と良い関係が作れたことも多かったのです。

(6) 教員としての一番の魅力は生徒との関わり

教員としての、一番の魅力は生徒との関わりだと思います。人によっては、この関わり方が、部活動の顧問としてだったり、担任としてだったりします。私の場合は、それが楽しい授業を実践することでの関わりでした。

数年前、初任の頃に担当した生徒と会ったときに、「同窓会でみんなと会ったとき、先生の授業の話がでました。そのとき、〈先生が一番授業を楽しんでいた〉とみんなで言っていました」という話を聞きました。当時は生徒の感想を読むとうれしく思い、それで楽しく感じて授業をしていたのだと思います。そして、それが今も続いているなぁと思います。

楽しい授業のことを書いてきましたが、私のすべての授業が楽しい訳ではありません。受験指導などの厳しい授業やいわゆる普通の授業もしています。むしろ、そちらの割合が多いと思います。しかし、授業の何時間でも、生徒が楽しいと感じる授業ができたならいいのではないかと考えています。

理想を持って教員になることは大切なことです。ぜひ、その理想を実現するための確かな内容と方法を手に入れて、理想を実現できる教員になって欲しいと思います。

（福岡辰彦）

第3章

教職を通して広がる世界

1　教職を考えているあなたへのメッセージ

(1) 伝えたいものがありますか？

学の旧字は「學」。冠の左側は、送り手の「手」、右側は受け手の「手」。そして中の「××」は伝えるもの、だそうだ。送り手を教師とすると、受け手は子ども達となる。

教師は伝えたいものを、受け手の子ども達がきちんと受け取ることができるように送らなければ、子ども達はそれを受け取ることが出来ない。そのためには、子ども達の状況を的確に知ることが大切である。しかしながら、私はもっと大切なことがあると思う。それは、教師が伝えたいものを教師自身がしっかりと持っているか、である。

伝えたいこと、学校教育ではそれは教科内容であることは当然のこと。しかし、それだけで十分なのだろうか？

私は地学や地学領域を教えてきた。

天体であれば、太陽の直径は地球の約百九倍であることを教える。私にとって、教科書にある、こうした数字は一つの手段に過ぎない。その手段をとおして、太陽はとてつもなく大きい、宇宙の広がりは限りない、それを教えたい。

地学はとんでもなく大きいことや、想像できないような長い時間のものを対象とし、巨大な広さ、大きさの概念を元に自然界を学ぶ教科だと思う。そのことを伝えたい、それこそが長い教師生活を続けることが出来た大きな力である。

學

(2) 優しい人に

以前、知人は三つの人偏の漢字を示して「人偏の漢字って、良い意味があまりないね」と言った。

最初の漢字は、「伝わる」だった。

人は声に出して云わなければ、または、直接に話をしなければ、伝えたいものが伝わらないのではないか。今、インターネット、ライン等で文字だけが、それも省略したものが行き来している。そのために、自分が伝えたいものが十分に伝わらないのではないか、と彼は言った。

次の漢字は、「儚(はかな)い」だった。

人が見る夢は儚いと、彼は言った。でも、夢を見なければ自分が実現したいものが見つからないよね、とも言った。

最後に彼が言ったのは「偽」だった。

人のためと思うから、裏切られたときに失望するんだよね。自分のためで良いじゃないか。決して利己主義ではなく、自分がやりたいものが人のためになったとしたら最高だよね、と彼は言った。

私は小さい頃から教師になりたかった。人に教えるのが大好きだったから。母からは、おまえは小さい頃から妹弟を生徒にして先生遊びをしていた、とよく言われた。今、私は自分が好きな人生を歩み、少しばかり人の役に立っていることの幸せを感じている。

教師になろうとする人に私はこの三つの人偏の漢字の話をする。でも、これでは余りにも悲しいので、漢和辞典を調べた。そこで出会ったのが「優」という字だ。

人の悲しみ、憂いを自分のように思える優しい人になって下さい、といつも人偏の漢字の話の最後に言う。でも、優しいのは甘やかすことではない。間違ったことをしたら、人として叱らなければならないことも付け加えている。

(3) プロ意識を持て

教育現場で、子どもの視点に立って接することは必要でも、教師として給料を貰うようになったら、自分は教えることのプロであることを自覚しなければならない。私は三つのプロを提案したい。

一つ目のプロ　子どもに力を付けてこそ、プロ。

保護者にとっては、教師の経験の多寡(たか)が問題ではなく、子ども達をより良く指導してくれるかどうかが問題である。子ども達へ確かな学力を付ける、もちろん、これが一番大切である。

二つ目のプロ　決めた時間で仕事をするのがプロ。

誰もが一日、二十四時間を持つ。その限られた時間を有効に活用しなければならない。私は「時間をかければ良い仕事になるという幻想からの脱却」を提案する。そして、されど忙しいことを言い訳にしないことだ。世の中で忙しくなければ、リストラの対象となる。

三つ目のプロ　プロは二十四時間、プロ。

プロ野球選手を例に挙げよう。個人事業者が同じ会社員と比較すると、二、三倍の賃金を稼がなければ、厚生年金などによる同等の各種の保障が得られないそうだ。個人事業主のプロ野球選手の一軍の最低年俸は年収千五百万円と言われているので、教師と大きな賃金差はなくなる。

では、プロ野球選手はグランドで練習し、試合へ出るだけで、家で何もしないのだろうか？　そうではない。毎日、トレーニングを欠かさず、データに取り組まなければ、一軍選手として通用しない。

給料を貰えば、教師も野球選手と同じようにプロである。そうなると、24時間、プロ教師としての意識を持つ必要があると考える。

（4）教師の醍醐味、教材開発！

教師の醍醐味の一つは教材開発である。

もちろん、最初は市販教材や既存の教材を使用しなければならないが、徐々にそれに飽き足らず、新たな教材を開発に取り組むようになる。その時、どのような点に留意しなければならないのだろうか。

次の三点を提案したい。

まず、教材の目標を明確にすることである。

この教材の目的は何だろうか？　教える単元の目的（目標）に合っているだろうか？　そう考える。

次に、一つの目標に対して一つの教材が基本であることだ。

私がある教材を開発したときの経験を紹介しよう。その教材を研究会で発表したときのこと。「この教材はこの内容にも、あの内容にも使えます」と発表したところ、フロアから「色んな所に使えるということは、どこでも使ってもらえないということですね」との言葉があった。続けて、「一つの目標に一つの教材が原則です。そうでないと何をしたいのか分からなくなる」と発言者は付け加えた。かなり凹んだものの、それまで気づかなかった見方である有り難い言葉だった。

最後に、作り上げた教材を発展させるためには、その教材の確立が重要である。たとえ、作った教材が大変よい教材と言われても、最初から完成型ができることはない。自分で良い教材と思っても、研究会などで発表し、様々な意見を頂戴することが大切である。自分が自信を持って作った教材の評価へは、必ずしも良いものばかりではなく、嬉しいものばかりではない。それを越えて他人の意見をもらうことが何回かできれば、ひろく教材として確立していくと考える。自分が開発した教材の確立は、教師として歩んでいく上で大きな自信となる。

その他、教材を開発していく観点として、子ども達と生活との連続性の観点を考慮することも重要であることを付け加えたい。

(5) 開発途上国での教育支援

私は現在、カンボジアを中心に生活しており、特別支援教育、理科教育の支援や調査をしている。カンボジアへ多くの外国人が支援をしており、もちろん、その中に日本人も数多く含まれる。この頃、そうした日本人の方々とお目にかかりお話しする機会も増えてきた。

その経験をもとに、私は、次のような人に開発途上国へ教育支援して欲しいと願う。

まず、自分の経験をもとに現地を調査し、その視点を持って相手のニーズをできるだけ把握することである。

相手のニーズを把握するのは当然であるが、そのためには自分が支援できるものがあるかどうかが問題となる。単に人手だけだったら、現地にたくさんの人間がいる。支援するからには、何らかのものを有していなければ意味がない。その上で、長い期間支援することを考えて欲しい。短期間では表面上、支援したい内容を伝えることができるが、それを相手が理解し、実践し、その国にとって持続可能な確かなものにするには、ともに歩む少し長い時間が必要である。

次に、相手の自尊心を十分に尊重する視点を持つことである。

支援するとき、直接対応する相手は、それなりの経験があり自信がある人である。そうでなければ、その場にはいない。しかしながら、支援する側の知識や経験と比べると十分ではない。その時、相手の自尊心を貶めるような言動をしないことに気をつけたい。

最後に、支援すると言っても、支援する側の自己実現を目的としてはならないことである。

私が接した方の中には、自己実現のためにここにいるな、と感じた人がいた。支援して感謝されると、良かったと思うのは当然である。しかしながら、良かったと思うことを目的としてはならないと思う。

(6) どうして「カンボジア?」

長年理科教師として勤務した視覚特別支援学校を退職し、王立プノンペン大学教育学部客員教授としてカンボジアの特別支援教育（こちらでは特別教育）の調査研究と特別講義を担当している。二〇一八年からは、同大学外国語学部日本語学科で日本文学等を教え始めた。

多くの日本の方々が、プノンペンの私のオフィスを訪れていただいている。訪れた皆さんから一番多い質問は、「どうして、ここにいらっしゃるのですか」である。

私がカンボジアにいる理由を述べよう。

私には大学時代からのカンボジア人の友人がいる。カンボジアの内戦が終了する前より、友人から「戦いが終わったら、特別支援教育が必要になる。あなたの視覚特別支援学校での経験をもとに支援して欲しい」と言われていた。

しかしながら、妻はエスニック料理が不得意であったため、直接カンボジアへ行くような支援は行えないと思っていた。ところが妻は十年前に病を得て亡くなり、気落ちしていた私へ、カンボジア人の友人がカンボジアへの旅行を誘ってくれた。

初めての海外旅行でもあるカンボジア旅行。そこで視覚障害の大学生と面談することができた。面談の中で、これまでの経験を活かしたカンボジアへの教育支援が行える実感を得た。

その後、退職までの間、カンボジアの特別支援教育の調査を行った。調査を行う中で知り合うことができた王立プノンペン大学教育学部長から、この大学には特別支援教育の専門家がいないので支援して欲しいとの申し出があり、現在に至る。また、日本とカンボジア両国の理科教育関係の友人たちからの要請により、カンボジアの理科教育の調査や支援も行っている。

人生は何があるか分からない。チャンスがあれば、これまでの経験を活かして様々なことへチャレンジして欲しいと思う。

（7）視覚障害教育に携わって得たこと

私は長年、視覚障害教育に携わってきた。私は理科を教えていたが、その話をすると「視覚障害の方に理科を教えるのは大変ですね」とよく聞かれた。「そうでもないですよ」と答えると、多くの方に怪訝（けげん）な顔をされた。

視覚障害者に理科教育を教えてきたのであるが、大変と思ったことはない。むしろ、教えられることばかりであったと思う。その中でも、一番大きいものは「全体―部分」の関係である。

かつて、「群盲、象をなぜる」との言い方があった。それは象を取り囲んだ視覚障害者が、自分のみたところを言い合うものである。全体が見えないものだから、あるものは鼻をみて「ホースのようだ」と言い、また、あるものは、しっぽをみて「のようだ」と言うようなものだ。たとえば、視覚障害者が花を観察するとき、観察している花びらや、がくなどの部分部分は分かっても、花全体を把握することが困難なことが多い。そのため、常に全体と部分を意識させる必要があるのだ。全体―部分を意識させることは、観察ばかりではない。

全体―部分を意識させることは、学習活動においても同様である。最初に今日の学習の全体像を示し、学習過程の中で小さなまとめをしながら、常にそれが全体のどの部分なのかを示していくのである。もちろん、これは視覚障害教育だけに有効であるものではない。

(8) 特別支援教育について

特別支援教育の教科教育こそ、教科の専門性が問われるといって良いだろう。知的障害以外の特別支援教育では、教育内容を普通教育に準じて行うものとされている。もちろん、準ずるというのは決して内容をおろそかにして良いというものではない。しかしながら、その子どもに応じた配慮があり、特別支援学校や特別学級等では、自立活動の時間が必修となる。そのため、教育する内容をすべて，普通教育そのままに教えることが物理的に困難である。従って、内容を厳選し、扱う時間に軽重をつけざるをえない。

特別支援教育での教科教育を展開する上で、次の三点を提案したい。

まず、効率である。子ども達へ作業対象や作業内容を明確化することにより、教育に必要な時間の効率化を図る。特別支援教育では、「個別化」は必須であるが、個別への対応を考えることにより、効率化が図られる。

次に、内容の厳選である。特別支援教育では、普通教育にはない自立活動の時間が加わり、対象の子ども達へ配慮した学習のためには、手間と時間がかかる。学習内容を全て同じように扱うことはできない。

最後に、教科目標の明確化である。教科の目標を指導者が明確に持つことで、学習者が達成すべき目標が明確になり、内容を厳選することが可能になる。厳選のためには、特別支援教育であればこそ、指導者に教科の専門性が問われる。

特別支援教育が始まり、十二年が経過した。特別支援教育は特別支援学校だけでなく、子ども達全体が対象であることが十分に認識されていないのではないか、と思う。

この原因の一つとして考えられるのは、特別支援教育で使われる用語や考え方が普通教育ではなじみが薄いためではないだろうか。その代表として、子ども達に対するＰＤＣＡ回路がある。これは、Plan（計画）→Do（実行）→Check（評価）→Act（改善）の四段階を繰り返すことによって、授業を継続的に改善することである。これは特別支援教育ではごく普通に使われている。これに代表されるように、特別支援教育で広く使われている用語が普通教育ではなじみが薄く、なかなか受け入れらない状況があると思う。

またよく使われる用語として、子ども達への指導の際の「特別支援教育の観点」という言葉を耳にする。私が調べた限りでは、特別支援教育の観点という明確な定義はなかなか見当たらない。友人や現職教師研修で知り合った方々の意見を頂戴しながら、私は特別支援教育の観点（視点）として、次の四点を提案した。

1　個別指導…特別支援教育の基本になる。
2　学習内容の厳選…準ずる教育である限り、学習内容を厳選しなければならない。
3　高度な教科の専門性…内容厳選のために教科専門性の充実が求められる。
4　教科・学年横断の指導…学習者を中心に考えると、教科学年を横断した指導が不可欠である。

これらの観点は普通教育の中でも重要なものであることは言うまでもない。今は、特別支援教育を普通教育に対するものではなく、お互いに溶け込む時期ではないだろうか？

(9) 異文化コミュニケーション

2020年東京オリンピック・パラリンピック開催を契機に、これまでにもまして、国際化が叫ばれるようになった。その中で、異文化コミュニケーションいう言葉をよく耳にするようになった。

この異文化コミュニケーションは、言語が異なる者同士のコミュニケーションは当然含まれるが、実は、「親と子」「教師と子ども達」でも同じことであることをなかなか理解しにくい。

同じ日本語だから分かるだろう、親子だから分かるだろう、日頃接している子ども達だから分かるだろう、と思うのは理解できても実際は上手くいかない。

親と子、子ども達と教師では「文化」が違うのである。

お互いにその文化を理解し尊重し合わなければ、円滑なコミュニケーションが成立しない。

文化が如実に表れるのが言語である。同じようにしゃべってはいても、その背景となる文化が違うことを十分に認識したい。

(10) 海外の日本人学校で勤務したい方へ

海外にある日本人学校での勤務を考えている人もいるだろう。

日本人学校の教師になる最もオーソドックスな方法は、教師として幼稚園・小学校・中学校に勤務し、市町村が募集する日本人学校教師へ応募することである。

その他に、現地の日本人学校が直接募集する場合もある。各日本人学校のホームページにそのことが記載されていることもあるし、大学が海外子女教育振興財団などと連携している場合もある。この場合は、新卒でも応募できる。情報を収集し応募されることをお勧めしたい。

海外で学ぶ日本人の子どもに教えることは、異文化で生活している子ども達へ教える経験であり、それは日本では得られない貴重なものになるだろう。

(11) 学びを続けること

あるミーティングで、教師になってからもどのように学びを続けるのかが話題になった。

私にとって、これは驚きの話題だった。教師にとって学び続けることは必須の条件であると思うからだ。学ぶことは、単に教えるための新たな知識を得ることばかりではない。学びには、この時代を生きている子ども達へ、教師の目を通して一つの「時代の紹介をする」ことがある。そのためには教師は様々なアンテナをめぐらし、情報をキャッチするという学びを続けることが必要である。

次に、学ぶ態度を子ども達へ示すことも大きな役割であるだろう。子ども達が学ぶモデルは親に次いで教師である。学びを続けることができない姿を見せて、子ども達は学ぼうと思うだろうか？　これでは、自分が何もせず、「勉強しなさい」と言って自分は本も読まない親たちと同じである。しかしながら、教師はプロである。それで良いのかと考えてしまう。

また、学びの時と場所はどこにでもあるという視点も持ちたい。学ぶとき、本を読まなければ、研修会に行かなければ、という条件が必要なのだろうか？　学びには、時も場所も必要条件ではないと思う。いつでも、どこでも学びの場はある。学び続けるその態度を持つことからはじまるだろう。

(12) 特別支援教育（障害児・生教育）に携わりたい方へ

これまで、「あなたはなぜ特別支援教育に携わってきたのですか？」とよく聞かれた。

大学院を修了して就職活動していたとき、恩師から前任校が教師の募集していることを紹介された。当時は視覚特別支援学校ではなく、盲学校と称していた。恩師からの電話で「もうがっこうが理科教師を募集している」と言われても、「もうがっこう」が盲学校と頭の中で変換できなかった。「私にできますか？」と返事したところ、「君ならできる」と言われて応募し、勤務することになった。

私が視覚特別支援学校で得たことはとても大きい。

人数が少ないばかりではなく、子ども達との距離が短く、彼らの人生に深く関わることができた。彼らは、卒業し、進学し、就職し、あるものは結婚し、子どもを持つという選択をした。

だが、特別支援学校で教師として勤務するときに、とても大きなことがあることを知っていただきたい。それは、普通の学校では考えられないほどの数の子ども達との永遠の別れである。もちろん、その別れは卒業後だけではなく在学中にもあり、教えることの無力ささえ感じることがあった。私は、その度ごとに、学校で子ども達へ何を教えなければならないかを問い直した。

⒀ 外国人に日本語で教えることから

縁あって、現在、王立プノンペン大学外国語学部日本語学科で日本文学等を教えている。受講する学生の多くは、日本語ができることを活かして日本企業への就職を希望している。

彼らに仕事で日本語を使うときに必要なものは何かを問いかけてみたところ、答えの多くは、翻訳のテクニックに関することだった。私は「外国の人と関わる仕事をする時に必要なのは、自分の国の文化や歴史をどれだけ知っているかです」と答えた。学生達は一様に驚いた表情をした。

国際化が言われて久しい。国際化を進めるために、小学校から英語の授業も始まった。しかしながら、真の国際化の基本は、自分の生まれ育った国の文化や歴史をどれだけ知っているかにあると思う。いま、日本の子ども達を教える教師はどれだけこの国の歴史や文化を知っているのだろうか、不安である。

⒁ もっと、もっと教養を

私が理科教師を目指していた大学生の時、気をつけていたのは理科以外の教養的な内容を学ぶことだった。理科を教えるとき、理科に関する知識を増やすことは当然のことであるし、誰もがそう思うだろう。しかしながら、それだけでは教える内容が表層的なものになる。理科の教師ならば、理科以外の知識をどれだけ有しているかが重要ではないか。

例えば、「菜の花や　月は東に　日は西に」という句がある。もちろん、この句は秋の季語である「月」を春に詠む面白さがある。一方、この状況を理科的に見れば、月が東にあり、日は西にあるのは、十三夜の月の頃である。十三夜の月は比較的観察しやすく、小学校の理科でも月の位置を調べようとするときに使用されることがある。そのとき、この句を知っていれば、十三夜が、古来、日本人が十五夜よりも重視したことを子ども達へ伝えられる。そうなると、子ども達は理科をとおして教科横断的に文学や歴史の世界を学ぶことを知るだろう。

これは、「もっと、もっといろいろなことへ興味を持って」と言い換えても良い。

特に若い教師には教養を深める時間が必ずしも多くない。しかしながら、興味を持つことは場所や時、もちろん年齢にも関係ない。多くの教師と話をする機会を得たが、忙しいことを理由に様々なことに興味を持たない教師に会った。

（間々田和彦）

2　子ども達と時代を超えて地域を学ぶ

――複数の学校と博物館とが連携した信濃川火焔街道博学連携プロジェクトを組織して

(1) 博学連携事業

遙（はる）か昔、縄文時代には、今の新潟県信濃川流域に自然を巧みに利用し生活を営む人々が、集落をつくり暮らしていた。四千五百年あまりの時は流れ、現代、それらの集落の跡からは複雑な装飾で覆われた特殊な土器が数多く出土している。燃えさかる炎を思わせるその形から、火焔（かえん）型土器と名付けられた。中でも十日町市の笹山遺跡から出土した火焔型土器は、新潟県で唯一国宝として指定された貴重な文化遺産である。

縄文時代中期の火焔土器様式が分布する新潟県内では、県中央部を貫流する日本一長い川、信濃川流域を活動範囲とする地域連携の姿がある。それが「信濃川火焔街道」の活動である。そして、その中で行っている博学連携事業は、この地域に設置された各市町の博物館と複数の小学校が連携した全国的に見ても例のない、極めて有意義な内容を保持していると考えている。縄文の遺跡と文化を基にした地域連携を活用・発展させる形で活動している博学連携の実態を紹介したい。

(2) 信濃川火焔街道と博学連携プロジェクト

1　信濃川火焔街道の発想と連携組織

「信濃川火焔街道」は中越地域の信濃川沿いにある市町村が保有する縄文時代の文化資源を地域連携、地域振興に活用しようというものである。

平成十四(二〇〇二)年八月に長岡市、十日町市、中里村(現十日町市)、津南町が集まって「信濃川火焔街道連携協議会」を結成した。設立趣旨には「火焔土器に代表される縄文をキーワードに、信濃川中流域の市町村と交流・連携をはかり、地域振興及び広域観光を推進することを目的とし、各市町村の遺跡や展示施設を拠点にしたハード・ソフト両面での有機的な連携により、地域内外へ、積極的に情報発信していきます」とある。

その後、平成二十一年度に新潟市、平成二十二年度に三条市が加盟して、現在は四市一町での活動となっている。

信濃川火焔街道には、その名の由来である土器群（火焔土器・火焔型土器）がそれぞれの行政区域に存在する。特に、長岡市には馬高遺跡（国指定史跡、日本初の火焔土器＝国重要文化財＝出土地）、十日町市には笹山遺跡（出土した火焔型土器等は国宝）、津南町には堂平遺跡（出土した火焔型土器と王冠型土器は国の重要文化財）と、国指定の文化財がある。またそれだけにとどまらず、新潟市には大沢遺跡、笹山前遺跡、三条市には吉野屋遺跡、長野遺跡など、縄文遺跡が多数存在する。それらを各地域共通の宝として、連携に活用するのが信濃川火焔街道である。協議会では、各市町村のこれらの遺跡や展示施設を拠点とした有機的な連携により、地域内外へ積極的に情報発信するとともに、各地域の住民レベルの交流・連携による地域の活性化を図っているのである。

2　火焔街道博学連携プロジェクトとは

博学連携とは、博物館と学校が連携・協力を図りながら、子どもたちの教育を進めていくものである。そのスタイルは様々で、博物館から学芸員が学校に出向いて授業を行う出前授業や、テレビ会議システムを利用しながら、博物館から情報を発信して行う遠隔授業などがある。博学連携と言えば、博物館側からのアプローチによるものや博物館と学校が一対一で連携する場合が一般的である。そして、その活動内容は博物館が既に準備しているプログラムを学校の指導計画の中に当てはめていく形式が多い。

本火焔街道博学連携プロジェクトは、一般的な博学連携とは異なるいくつかの特徴を持つ。特に信濃川流域の複数の博物館と多地域の複数の学校が互いに連携し合う、博学連携ネットワークを構成している点においては他に類を見ない。さらに、その活動内容は、学芸員と教員が話し合いながら、活動計画を練り上げていく形式をとっており、複数の学校と博物館がプロジェクトとしてネットワークを作り、連携して子ども達の学習活動の支援にあたっている。そして、活動の顧問として、考古学の視点から新潟県立歴史博物館小林達雄館長（國學院大學名誉教授）や教育学の立場から地元の上越教育大学大学院教育学研究科藤岡達也教授（いずれも当時）が常に活動に関わり、フォーラムでは学校、教職員だけでなく、直接子ども達にも指導・助言を行う。

このプロジェクトの構想は平成十四年に始まり、プロジェクト組織の編成にあたっては、「縄文・火焔街道を通しての連携実践企画書」を制作し、各機関に連携を要請してまわった。その中に盛り込んだ活動の視点は以下の三点である。

①文化財を活用した学習カリキュラムづくりを通して、新しい博学連携の在り方を提案する。

②学芸員と教員でつくるネットワークを活用して、交流学習の機会や学びのフィールドを提供する。

③信濃川流域文化の研究を通じて、地域間連携の絆を深める。

また、実践の効果として期待できる視点を、「子どもたちの学びの視点」と「学習支援者の資質向上に与える効果の視点」の二点を挙げ以下に図示する。「子どもたちの学びの視点」（図3-2-1）では、プロジェクトによる学びの獲得が郷土の理解や愛情の深まりにつながり、自己の生き方に生かされていくことを表した。

「学習支援者の資質向上に与える効果の視点」（図3-2-2）では、教員と学芸員

・縄文文化を共通テーマとして学びを交流する。
・縄文文化が信濃川中流域に広がる一大文化圏であったことを知る。
・多くの資料や専門的知識に触れる、豊かな学習活動を展開する。
・人との出会い、多くの感動を得る。
・自らの学びから、自己の生き方を考える。

縄文文化を郷土の誇れる文化としてとらえ、過去と現在をつなげて、未来の自分の生き方や社会に対して主張できるようになる。

図3-2-1　子どもたちの学びの視点

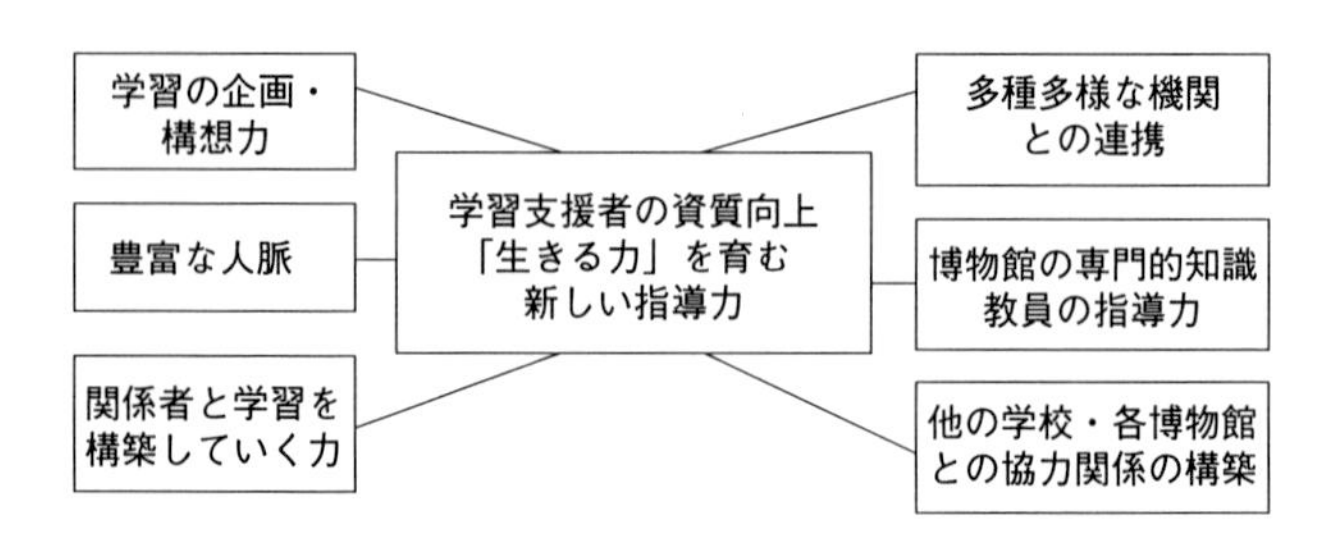

図3-2-2　学習支援者の資質向上に与える効果の視点

を共に学習支援者ととらえ、プロジェクトによって獲得されることが期待できる力を表し、学習支援者の指導力や資質の向上につながることを図示した。

　このように、自分の地域における学びを構築したネットワークを通して他地域の子どもと交流し、広げていくことで、自らの文化を客観化していく視点を獲得していく場や機会をもつことができると考えている。

3　連携協議会と博学連携プロジェクトの関係

博学連携プロジェクトの準備と時を同じくして、前述した信濃川火焔街道連携協議会が動き出していた。筆者が構想していた博学連携の地域的なつながりや趣旨が協議会のそれと非常に良く適合していることに気付き、博学連携プロジェクトの名前を「火焔街道博学連携プロジェクト」とし、協議会に協力を仰いだのである。これにより協議会の地域的なつながり、博物館や資料館などの施設と学芸員などの人材を行政区域を越えて活用することが可能となったのである。

平成十五年度に正式に火焔街道博学連携プロジェクトとして実践を開始し、令和元年度で十七年目となる、これまで総計で約四千人に及ぶ大勢の子どもたちがこのプロジェクトに関わっている。「縄文」という共通テーマのもとで活動してきたことにより、様々な子どもたちが共に交流し学び合えるのである。また、子どもたちが多様であるほど交流する価値は高まっていく、と考えられる。

プロジェクトへの参加校は基本的に信濃川火焔街道連携協議会のエリアに属する学

校としており、現在は長岡市・十日町市・小千谷市というスタイルで各地の学校と活動を展開している。

(3) 火焔街道博学連携プロジェクトの活動

プロジェクトでは、連携各校のカリキュラムを最大限に尊重し、博物館と学校の連携や地域間の交流をコーディネイトしている。四月初旬には担当者会議を開き、各校の教員と担当学芸員が話し合いながら地域や学校の実態に合わせて年間の指導計画を構想していく。プロジェクトの一年間の学習活動を「追究課題設定期」「共有体験活動期」「交流と情報発信活動期」の三つに大別することができる。

1　追究課題設定期

「追究課題設定期」は、博物館の見学活動や学芸員による出前授業等によって自己の追究課題を明確にしていく時期であり、信濃川中流域に広がる連携各校が集まって自己の課題や情報を交換し合う「交流学習会」によって追究意欲を高めていく時期である。その中から交流学習の概要を紹介する。

図 3-2-3　博物館見学

交流学習はプロジェクトに参加する子どもたちが初めて顔を合わせる機会として、毎年六月下旬に実施している。全体会では、学校紹介や今まで学校で取り組んだ追究活動について、各校が工夫を凝らして発表し合う。また、グループ活動では、各個人の研究の状況や悩みなどについて意見を交換し合う。さらに、開催地の博物館や遺跡などを学芸員の案内で見学している。

交流会の反省に「他校の取り組みを知ることができ刺激になった。」「追究の視点や目標をもつことができた。」「他地域にも縄文文化があることに気付くことができた。」などの内容が毎年見られることから、他地域の子どもたちとの交流が刺激や意欲となり、縄文文化を客観的にとらえようとする視点や自己目標の獲得につながっていることが見て取れる。

教員や学芸員からは以下のような感想が寄せられている。その一例を紹介する。

この計画について初めは外部との連絡や打ち合わせが大変だなと思いました。でも、子どもの成長や学びのきっかけになればと頑張ってきました。どちらかと言えば義務感みたいなものだったのかもしれません。しかし、少しずつ活動が進むうちに、自分自身が博学連携プロジェクトのみなさんと同じ目的をもって活動してるんだなという充実感や責任感を感じるようになりました。私にとって大きな収穫になりそうです。（十日町K小：教員）

文化財の仕事はただ調査や収集することだけと考えられているが、いかに地域に教育普及し還元するかが大事で、その一つとして地域に住む子どもたちにどのようにして学んでもらうかが問題であった。今回は担当する小学校との学習しかできていないが、市内全体での普及が目標である。子どもたちとも仲良くなれたことは非常によかった。全体的に全ての活動が自分の仕事にプラスになったと感

じられる。（十日町市：学芸員）

このように、交流会によって教員や学芸員の連携の意識が高まっている。この意識の高まりは、職種を越えて互いを尊重し合う意識に発展していく。プロジェクトを複数年経験した学芸員と教員は、子どもたちの学びのとらえや連携に対する考え方が次第に一致してくることが分かってきている。

2　共有体験活動期

「共有体験活動期」には、学芸員や学習ボランティアらと連携して、様々な体験活動が展開される。竪穴式住居の復元、地域の公民館と連携した土器作り、地域の遺跡を調査する発掘体験、アンギン編みで縄文の衣服作り、石鏃（せきぞく）（矢じり）・弓矢作り、火起こし体験、魞（えり）（魚を捕る漁具）による漁労体験、ジオラマ作り等、様々な体験活動が実践されている。このようにプロジェクトに参加する学校は、それぞれ学芸員と教員が連携し合い、学校独自の学習活動を展開していくのである。注目すべき点は、これらの体験活動を元にして様々な形で学習を発展させていくことにある。例えば、学年レベルでは「火焔」という創作ミュージカルに発展し、個人レベルでは火焔型土器の特徴を捉えタペストリーに発展させた。様々な体験活動は体験だけに留まらず、時には学年などの集団として時には個人として応用され、新たなアイディアへと進化していくのである。

しかし、体験活動を通して追究する中で「自然環境だけがこれらの技術を保存してきた要因なのだろうか」と疑問を抱くようになった。さらに、現代社会の状況や自己の生き方に目を向けて考えるようになり、「大量生産、大量消費の社会環境によって次々に新しい技術が生まれ、それまでの技術が消えていくのではないか」とし、自然環境の変化だけでなく人間の生き方の変化による社会環境の変化が大きく関係していると結論づけていった。

追究活動で得たこのような学びをポスターなどにまとめ、他校の子どもたちに発表したり、地域の博物館に展示して広く公開したりしている。また、縄文体験学習が親子の学習会等で取り上げられるなど、保護者の関心や理解も深まっている。

3　交流と情報発信活動期

交流と情報発信活動期は、各校での活動をプロジェクトとして収束し、互いに交流し合い、高め合う時期となる。信濃川中流域に広がる連携各校が追究活動の成果を発表し合う「縄文子どもフォーラム」や各校の研究成果を連携地域の博物館に展示する「子ども縄文研究展」の活動があげられる。

①縄文子どもフォーラム

プロジェクトの集大成として位置づけ、毎年十一月下旬に実施している。各校は、ある種のライバル意識をいだきながらも、フォーラムを目標に学習の成果をまとめ、発表練習や作品の準備を整える。当日の活動内容は「パネルディスカッション」「ポスターセッション」「博物館・遺跡見学」の三つを柱に構成している。

パネルディスカッションでは、各学校の代表者が、「縄文」をテーマに学んできたことを自分のメッセージとして発表し合う。参加者全員で意見を交換し合いながら考えを深めていく。教員や各地区の学芸員に加えて、大学教授らも参加し、考古学や教育学の立場から子どもたちを指導している。ポスターセッションでは、各自の研究成果を発表し合う。子どもたちの発表には、火起こしの実演や土器の文様を拓本に写し取るワークショップなど、体験的な発表を盛り込む工夫も見られる。説明を受ける側

図 3-2-4　縄文子どもフォーラム「パネルディスカッション」

はメモをとりながら聞き、発表者に質問をしたり互いの苦労を紹介し合ったりする姿が見られている。

これまでの実践の中で、中越地震や市町村合併など様々な状況を経験しながらも、フォーラムを継続することができている。中越地震直後に行われたフォーラムの感想を、新潟県立歴史博物館学芸員は以下のように記している。

> 平成十六十月二十三日夕刻、新潟県中越地方を最大震度7の地震が襲った。各地に被害が及んだ中で、この火焔街道にあたる地域は特に甚大な被災地となった。連携地域を結ぶ道路は寸断し、博物館や

学校も大きな被害を受けた。一時休館・休校の状態に追い込まれたのである。発生直後は、子どもフォーラムはもちろん、学習展覧会の実施についても中止せざるを得ないのか?との思いが頭を駆け巡った。しかし、震災で全てを断念してしまっては、子どもたちが今まで組み立ててきた学習の成果までも崩れてしまうのでは、と思い悩んだ。そんな時、津南町のT小がフォーラムの実施を望む声を上げた。すぐに参加希望校を募ったところ、十日町市のT小とN小が参加の意志を掲げ、三校でフォーラムを開催することとなったのである。被災により参加できない学校があったことは残念ではあったが、子どもフォーラムの実施にこぎつけたことは、何かに救われたような思いであった。（中略）子どもたちに感想を求めると、やはり力強いメッセージを聞くことができた。中越地震なんかに負けないぞ!というメッセージもあった。こんな時だからこそ、参加した子どもたちは一つにまとまれたような気がするのも確かである（それは関わった学芸員や先生が一様に言っていたことであった）。

とにかく楽しく、子どもたちの明るい声にパワーをもらった一日であった。そのため最後の挨拶では「とにかくうれしくて、楽しくてしょうがなかった、みんなありがとう」。そんな気持ちを子どもたちに素直に返して終わりとしたのであった。

この記述からも分かるように、フォーラムの開催を通してプロジェクト関係者の絆が強くなり、教員や学芸員の立場を越えて、子どもたちへの支援に対する意識が高まっていった。

②子ども縄文研究展

連携各校の学習成果や子どもたちの作品を一堂に展示し、広く一般に公開している。当初は十日町市博物館での展示を計画していたが、プロジェクトの活動が軌道に乗ると、県立歴史博物館からも会場提供の申し入れがあり、両館で時期をずらして開催することとした。さらに、津南町「農と縄文の体験実習館」でも開催できることとなり、信濃川上流から下流に向かって三館を巡回する大がかりな展覧会に成長した。入場は全ての館において無料とし、多くの地域住民や学校が見学に訪れている。現在では、各博物館の年間計画に開催が位置づけられている。また、新聞やテレビ、博物館関係の雑誌等に取り上げられるようになり、徐々に知名度が高まっている。

この展覧会は、子どもたちの学習成果を発表する場として有効であると同時に、学校の説明責任を果たす機会にもなっている。また、博物館側からも普及活動の発信と博物館の有効利用に活用され、入館者の獲得につながっている。このように、子どもたちの学習に多地域の博物館が共同利用され、学校と博物館の両者に効果をもたらしている。

(4) プロジェクトの成果と課題

実践開始以来継続して、プロジェクトに参加した全ての子どもたちに対して、事前と事後の二回アンケート調査を実施し、結果の分析を行っている。それぞれの年度において多少のばらつきは見られるが、毎年ほぼ同様の成果が見られている。その成果を分類整理すると、以下の四点に集約することができる。

(1)他地域の縄文文化にも目を向けながら学びを深めることができた。
(2)自己の学びの達成感や成就感を高め、自己の生き方へ思考を展開させることができた。
(3)地域の歴史や文化への興味関心を持続させ、愛情や誇りをはぐくむことができた。

(4)博物館への興味関心を持続させ、博物館利用や展示への意識を高めることができた。

プロジェクトの学習効果を子どもたちの具体的な姿として示すため、子どもたちが追究活動のまとめとして書いた作文の中から、年度や地域の異なる子どもの作品を抽出し、以下に示す。

縄文時代の人たちは生きるために知恵を出し合って、教え合ってやってきたと思います。私は、クラスのみんなと竪穴住居をつくってみて、このように感じました。（中略）縄文時代の生活は何でも自分たちでつくり出さなければならず、とても大変だったと思います。それでも、きっと楽しかったと思います。なぜなら、私たちもとても楽しく住居づくりを進めることができたからです。苦労はたくさんありましたが、だんだんと家の形になっていくとうれしくてうれしくて、つくるのが楽しくなっていきました。きっと縄文時代の人も自分にあった仕事をして、助け合い楽しく生活していたのではないかと思います。人間はお互いに助け合いをしてきたから、縄文時代から今まで時代がつながったんだと思います。考えることの大切さ、人と助け合うことの大切さを縄文人に教えてもらったような気がしました。（A子）

（前略）ぼくは、初め現代の生活の方が絶対によいと考えていました。しかし、この学習を通して縄文時代の生活に魅力を感じるようになりました。当然、現代の生活を全て投げ捨てて、縄文時代の生活をすることはできません。しかし、様々な発明と工夫で生活を切り開いてきた縄文人の生き方に感動したのです。

ぼくは、つらいことや苦しいことから逃げたりすることが何度かありました。でも、縄文人のあきらめない心が生活を支えてきたことに気付き、少しずつ気持ちが変わっていきました。そして、この学習のまとめとして次の二つのことを決意しました。自分の生活に必要なことは、つらいことでも立ち向かいあきらめずにやりとげること。自然環境を守るために自分にできることは、めんどうなことでも実行すること。この二つのことを、縄文人にちかいたいと思います。（K男）

これらの作文からも分かるように、子どもたちは自己の学びの達成感や成就感を高

図 3-2-5　ジオラマ

め、自己の生き方へ思考を展開させている。子どもたちの作文からキーワードを抽出すると、「自然環境保護と科学の共存」「共生や協力・社会環境の改善」「家族愛・郷土愛など心の豊かさ」「その他」に整理することができた。このキーワードは、それぞれの年度の全ての学校に共通している。さらに、体験から得た学びを自らの生き方に生かそうとする視点や他者への発信を意識している点などの共通点を見いだすことができた。これは、「縄文」を共通のテーマに、様々な地域の子どもたちが互いの縄文文化を交流し合いながら、各自の課題を追求してきた結果の現れであり、子どもの学びを核とした博学連携交流ネットワークが継続して機能していることを物語っている。

また、これらの効果が持続されるかどうかについて、プロジェクトに参加した子どもたちへの追跡調査を行った。調査には中学校の一年生から三年生に彼らが実践当時に行った事後アンケートと同じアンケートを実施し、それぞれの結果を比較した。分析にあたっては、経過した年ごとに小学生当時の結果と現在の結果を比較した。その結果、博物館への興味関心や地域の歴史や文化への興味関心は年月が経過すると共に失われていく傾向にあることが分かった。しかし、学芸員との学びの経験や学習で得た縄文時代の正しい認識は小学生から維持し続けていることが分かった。

これらのことから、地域の歴史や文化への興味・関心をもち、自ら博物館を積極的に活用する子どもたちを育てていくためには、博物館と連携しながら、地域の歴史や文化を学ぶ学習活動を継続していく必要があると言いえよう。

（5）博学連携プロジェクトは子ども達に様々な効果をもたらす

縄文時代が一万年も続いたのはなぜか。人と自然との共生、持続可能な社会の構築、思想や人生観等、様々な要因が挙げられるであろう。その要因の一つひとつが現代を窓口として眺めると、非常に興味深く思えてならない。子どもたちも学習のまとめでは、各々が現代に横たわる諸問題に気付き縄文時代と対比させながら、これから自分たちが切り開いていくことになる未来像を模索していく。環境問題に視点を当てる子ども、地域社会のつながりや人との協力に視点をあてる子ども、人類平和について考える子どももいる。子どもたちにとって縄文を一つの覗き窓とすることで、現代社会や自分自身の様々な問題や進むべき未来が見えてくるのだろう。このように、縄文時代は学習資源として非常に素晴らしい魅力を秘めている。

博学連携プロジェクトは子ども達に様々な効果をもたらすことが明らかとなっている。また、地域の文化について学ぶことを怠れば、その正しい認識は損なわれ、文化財への興味や関心が失われていくことが分かってきた。

全国各地で地域の特色を見いだし、地域振興に活用しようとする動きが活発化している。確かに、地域の価値ある文化を地域間連携という形で守り、そして地域の発展のために積極的に活用しようとする活動は意義あることと言えよう。しかし、地域を担う子ども達が自分の地域の文化に何の知識や理解・興味や関心を持たずして、それらの活動が継続発展していくはずはない。地域の価値ある文化を教育に活用し子ども達の育成を図ることは、文化財の保護やそれを活用した地域の活動につながっていくのではないだろうか。

火焔街道博学連携プロジェクトは、いかに子どもたちの学びを支援することができるかを常に考えながら活動を進めてきた。教員と学芸員の共通理解が深まり、互いの専門性を発揮し合うことで、子どもたちに質の高い指導が提供できるようになった。さらに、プロジェクトを経験した教員の多くが、プロジェクトを離れた後も、学芸員との関係を維持し、教育活動に博物館や学芸員を積極的に活用している。このように教員についても実践的な経験を積むことによって、地域の文化、博物館や学芸員とのつきあい方についての理解が深まっていく。このプロジェクトを経験した子ども、教員、学芸員らがどのような形で地域に、文化財に、教育に携わっていくのか楽しみである。

（金子和宏）

3　もう一つの学校、定時制高校で生徒以上に学んだ四年間

(1) プロローグ

三月末のある日、校長室に呼ばれた。三十四歳の時であった。
【校長】「四月から、本校の定時制の課程に異動してくれないか。」
【自分】「えっ、本校の定時制に、ですか？　本校の定時制を潰すのに手伝えということですか？」（自分の勤務していた高校に併設されている定時制の課程が、数年のうちに統廃合されるという噂（うわさ）を耳にしていた）
【校長】「まあ、校長の口からは明確に言えないが。ともかく、これからの定時制は大変になるということだ。長期間とはならないと思うので、少しの間、君の力を貸して欲しい。」

校長室を出ながら、改めて、突然の異動に驚いた。生活環境も大きく変わる。しかし、この時の自分には、その後、教育に関する大きなドラマが待ち受けていることは予想もしていなかった。

(2) 映画「学校」の世界

ただ、自分自身としては内心、定時制の課程（以後、定時制高校と記す）に異動することで、少しは罪滅ぼしの感覚もあった。それまで在職していた全日制の課程（以後、全日制高校と記す）は大阪府内でも中退者が多く、ある意味で有名な高校であった。自分は、担任はもちろんのこと、生活指導部も担当していたが、多くの退学者に全日制高校では退学もやむを得ないが、将来働きながらでも、定時制高校で高校卒業の資格を取ることを勧めていた。場合によっては、全日制高校では卒業できる見込みのない生徒に、定時制高校等に転校することを助言していた。それだけに、定時制高校で教えることに自分のそれまでの言動の責任も感じた。

同時に、定時制高校の生徒に対する手強さも感じていた。何と言っても、全日制高校を様々な理由で中退してきた猛者も多かったからである。また、当人の学力等の状況、それまでの不登校の生活などから、中学校卒業後に進学するとなれば、定時制高校しかない生徒達もいた。さらに、全日制高校と異なるのは、高齢の方も多く在籍していたことだった。

かつて、山田洋次監督の映画で「学校」があった。映画では外国籍の方、ハンディキャップを持っている生徒が描かれていたが、まさに本校を映画化しているのか、と思えるような生徒達と過ごした日々であった。

確かに、喫煙、暴力事件、交通事故等に関連した生徒指導等の件数は少なくなかった。警察に呼ばれることもあった。しかし、個人的には、全日制高校でも、生徒指導への対応は、多く経験しており、定時制高校では生徒数の少なさに比例して、生徒指導に関する件数等も自分がそれ以前に勤務していた全日制高校ほどではなかった。また、全日制高校を退学し、一度働いて、高校は卒業しなくてはならないと実感している若い生徒も少なくなかった。多くの生徒が様々な職種などを経験していたので（中にはホストクラブ経験者もいた）、自分にとって新鮮に感じた生徒からの話も多かった。さらに、複雑な家庭環境、厳しい経済状況など、逆境の中で、よく定時制高校に進学した、と感心する生徒も少なくなかった。

若い人以上に、学ぶことの意志の強い年配者や粘り強い努力を重ねる高齢者もいた。年配者や高齢者の中には、会社を退職したり、仕事を続けたりしながら、学んでいた方もおられた。そのような方々が、若い生徒達に教員の生徒指導のような励ましや叱咤をし、クラスに第二、第三の担任がいるような状況でもあった。見方によれば、全日制高校のクラスよりも落ち着いているところもあった。

年配の生徒からは、「会社の中で、自分が意見を言っても、中学校しか出ていないくせに偉そうに言うなと言われ（現在では、職場で、このような言葉を使えば問題になるだろう）悔しかった」、「いつも仕事が終わった後、本校を見ると遅くまで電気がついていた。あそこで、勉強しているんだな。羨ましい、仕事が落ち着いたら、いつか自分も、あそこで勉強するんだ、と思って仕事に取り組んでいた」という話を聞いた。

このような人たちの言動は、正直、当時若かった自分よりも、生徒達には学ぶことの重要さを伝える重みのある言葉であったと考えられる。

ただ、全日制高校では、修学旅行があるのに、なぜ、本校ではないのか、と相談にも来られた。年齢にかかわらず、修学旅行への多くの希望があったため、彼らの情熱に負けて自分達の学年では、修学旅行を実施する羽目にもなった。

(3) 定時制高校を襲った統廃合の嵐

そのような中、突然学校を襲ったのは、大阪府教育委員会から本校含め、数校の定時制高校を廃止して、いくつかの高校に統廃合することが通知されたことであった。個人的には、ある程度予想されていたこととはいえ、学校の中は大騒ぎとなり、組合を中心に反対運動が繰り広げられた。

生徒数の少なさによる課題の解消、比較的近くの学校に三校が統廃合されること、そこではより柔軟な学びやすいカリキュラムが組まれていること、校舎も独立していること、などの教育委員会の説明に納得がいかない組合は、一部の年配の生徒にも働きかけたり、結び付いたりして、街頭での署名運動、教育委員会との単独の交渉などを行った。

それらの行動に全生徒を参加させようとしたり、過激な報道が好きなテレビ局の取材陣を学校内に入れたりして、激しく定時制高校の廃止や統廃合の反対運動を行った。しかし、一般生徒も巻き込み、授業中や給食時間に、テレビに映りたくない生徒に対しても、テレビ局は強引にカメラを回していた。

さすがに嫌がる生徒や早くテレビは出て行ってほしいと言う生徒たちを見て、自分も無責任なマスコミなどに、怒りが込み上げてきた。授業や給食の時間を妨げないようにテレビ局に言ったところ、マスコミを呼び込んだ組合の人達が、逆に妨げるなと文句を言ってきたので、口論になった。また、高齢の生徒達から、自分に対し、なぜ、署名運動に参加しないのかと、詰め寄られトラブルにもなった。

しかし、これらの時に、「先生の話を聞こう。先生は自分達のためにしてくれている」と、自分の味方になってくれたのが、若い、いわゆる、やんちゃな生徒達だった。不思議なことに、生徒指導で手がかかった生徒達が多かった。

自分を支持してくれた生徒の中には、かつてこのようなことがあった。自分は定時制高校の教員になっても、授業がなければ、一人でも全日制高校に務めていた時と同じように正門に立つことが多かった。ある時、二人の兄弟が仕事を終えたばかりの作業服で、ふて腐れたように、遅れて入ってきた。既に二時間目が終わりかけの頃（当校では一時間目と二時間目の間に給食時間があった）だった。「夕食を済ませたのか」と聞くと、食べていないとのことだった。そこで、ここで待つように指示し、その日の給食はアルミホイルのさらに入ったドリアだったので、食堂に行き給食のおばさんに理由を言って二人分もらってきた。彼らに手渡し、食べさせていたところ、給食室からおばさんが牛乳も二本持ってきて渡した。彼らはおばさんに「美味しかった。僕らのために、手間をかけてもらってありがとう」と言ったので驚いた。「へえー、君らがそんな言葉を使うのか。さあ、三時間目が始まるから教室へ」と促したところ、照れたような顔をして「ありがとう」と言って教室に向かった。その時の生徒もいた。

話を戻すと、廃校に向けての状況は学校、地域を含めての大騒動であったが、結局、教育委員会がその翌年から募集停止を正式に発表し、それ以降、学校は平静を取り戻した。

(4) 学ぶことの尊さを知る

定時制高校では、高齢者の方の学ぶ意欲は凄かった。しかし、六十代、七十の方が数学の微積分や英文解釈にも取り組むのであるから、その大変さは自分たちの想像を絶する努力であったと考えられる。中には、高齢者ゆえに在学中に亡くなられた方もおられた。葬式の後、家族から「このまま、卒業ができなさそうなのは、残念。でも、高校へ行って勉強できて凄く楽しかった」が最期の話であったことを聞き、目頭が熱くなった。

実は、自分が定時制高校の教員になったその年から、近くの公立大学に大学院の博士課程ができ、社会人枠で入試があることを知った。定時制高校の勤務時間であれば、午前中は比較的時間があると考え、もう少し勉強したいこともあったので、受験したところ、運よく合格できた。しかし、博士号取得は思っていたよりも大変な労力が必要であり、自分の能力には無理かとあきらめかけたことが何度もあった。

しかし、その時、脳裏に浮かんだのが、年配の人達が、あの年齢で数学や英語に懸命に取り組んでいる授業の光景であった。しかも、残された命を懸けてまで、勉学を志していた人もいた。一人一人の学んでいる姿を想うと、若い自分が何を情けないことを思っているのかと、奮い立たされたことも多かった。結局、博士号取得には四年間かかったが、それは、あの定時制高校に勤務し、多くの年配の方々と出会ったおかげであるとも思える。

その高校での担任としての四年生（全日制高校の課程では通常三年であるが、定時制高校の課程は四年である）の卒業式を無事終えた。自分のクラスには六十代以上の方も三名おられ、そのうち一名は七十代であった。感動の卒業式であったが、長くなるので、ここでは詳しく述べない。

この年の三月は自分にとっても卒業式（大学院修了式）があった。博士号を取得することができ、嬉しさよりも疲れが込み上げてきた感じであった。定時制高校に異動するまでも、それなりに教育と研究に取り組んできたつもりであったが、定時制高校に勤めた四年間は学ぶこと、教えることの素晴らしさ、厳しさを改めて知ったと言えるかもしれない。

四月からの募集停止は決定されているので、この四月から入学生はいない。一抹の寂しさを覚えながらも、来年度は担任もなく、少しゆっくりして、落ち着いて学ぼうと思っていた（皮肉なことに博士論文に取り組んでいる間は、論文に関係することだけを調べ、得られたデータの分析、その執筆と推敲（すいこう）に多大なエネルギーを費やしていた）。ともかく充実していたかもしれないが、心身ともに疲れ切っていたのかもしれない。

二つの意味で、ようやく自分にとって平和な日々が訪れると思った。

（5）エピローグ

その三月末のある日、校長室に呼ばれた。三十八歳の時であった。

【校長】「教育委員会から連絡がきた。四月から、君は府指導主事だ。」

【自分】「えっ、自分が教育委員会ですか?」

【校長】「正直、まさか、今年からとは思っていなかった。しかし、おめでとう!

　君の力ならやれる。四月一日○時に本庁の○○に行くように。」

校長室を出ながら、改めて、突然の異動に驚いた。生活環境も大きく変わる。しかし、この時の自分には、その後、さらに教育に関する大きなドラマが待ち受けていることは予想もしていなかった（続く）。

（藤岡達也）

4　民間企業から教職、国際教育協力、そして大学へ

思えば、多くの経験を積みながら教職に就くことができました。教職に就いた後にも多くのことがありました。それを振り返ってみます。

(1) 大学を卒業して食品会社へ就職

高校の時には、親元を離れて東京で下宿生活を送りました。周囲の級友が受験勉強に明け暮れるなか、高三の時には下宿で哲学書や文学書を読みあさり、学校にはあまり行きませんでした。当時はとにかく考える素材が欲しくて、文字に飢えていました。

とりあえず大学を受験しましたが、浪人生活を余儀なく送りました。浪人してから、ようやく受験勉強にまともに取り組みだしました。この中で、自分の悩みも何とか解

決していく中で、大学での志望も文系から理系に転換しました。高三の時には文系クラスでしたが、入試に備えて理科・数学を学びました。このような中で、特に社会に役立つ実学に興味を持つようになり、大学は農学部農芸化学科に進学しました。このように大学進学まで紆余曲折があり、当時は嘆いたこともありましたが、今思えば、この時の経験が教職に就いたときに大きく役立ちました。

卒業論文は生物化学研究室で、マメ科植物の酵素阻害に関する研究に没頭しました。大学生の時には、正直なところ、教員になる気もなく、教員免許を取得するだけのつもりでした。卒論のために実験で忙しくしていましたが、大学四年生の六月に高等学校で二週間の教育実習を行いました。実習指導の先生の意向もあって、生物の授業を当初の予定よりもかなり多く担当することになりました。この実習期間には、教材研究や授業準備で忙しかったのですが、とても充実していて楽しかったです。実習の最後に指導の先生から「君は教師に向いているよ」と言われて、単なるお礼の言葉だったのかも知れませんが、いつまでも脳裏に残りました。

教育実習後になって教職への道を考えるようになりました。しかしすでに手遅れでした。当時、八月に行われる教員採用試験（一次）の準備は全くできていませんでした。出願には間に合い受験をしたものの、一次の筆記試験は不合格でした。大学院への進学も考えていてドイツ語や英語の対策をしていましたが、食品会社へ就職することにしました。

(2) 社員寮で密かに教職を目指す

大学を卒業して、食品会社に入社後に社内や社外で研修があり、工場の製造や営業部署での実務を一年間にわたって経験しました。これを終えて、製造管理部門にようやく配属になりました。当時は社員寮で生活をしていて、就職して金銭面では豊かになりましたが、仕事に追われて自分の時間があまり持てない生活でした。今思うと、民間企業では教職とは全く異なる生活でしたが、中三を担任した時にこの経験談を卒業前になるとよく語りました。当時の生徒にとっては、印象が深かったようで、同窓会の時にそのことが話題になりました。

仕事にも慣れてきた頃に、ふと立ち寄った書店に並べてある雑誌が目につきました。教員採用試験対策の月刊誌でした。以前に見たことがある雑誌だと思い、手に取りました。目を通していると教育実習の思い出が蘇ってきて、教職を目指してみようと決意しました。しかし平日には学習の時間が取れなくて、休日に社員寮で同僚の目につかないように密かに学習を続けました。

そして山歩きと語学の共通の趣味で親しくなった女性と結婚しました。妻には、教職を目指していることも伝えていました。当時は多くの都道府県で受験の年齢制限があって、多くは三十歳でした。神戸市では三十五歳まで受験できました。三十歳になった三月下旬に、神戸市教育委員会に電話をしてみると、一年間勤務できる常勤講師があるとのことでした。すぐに書類を提出して欲しいとのことでした。その後すぐに食品会社で退職の手続を行いました。

それから帰宅して、転職をすることを伝えました。妻は身重で、四月中旬には、出産日が迫っていました。転職を伝えたときの妻の悲壮な表情は今も記憶に残っています。教職を目指していることは伝えていましたが、まさか安定した定職を辞めてしまうとは、思ってもいませんでした。これまでで妻が一番辛かった時期だと思います。

(3) 中学校講師としての二年間

三十歳で民間企業を退職して、四月に神戸市中央区にある公立中学校に赴任しました。教育実習で教育現場のことは分かりっているつもりでしたが、実習生と教員では、生徒への対応がまったく異なります。教育実習の良き思い出が一瞬で崩れ去りました。また企業では「縦の関係」で仕事をしてきて、職員室で互いに「先生」と呼ぶことに奇異を感じました。

中学校理科の学習内容はとても広いです。大学で専門とした「酵素」については、教科書には、わずか数行の記載があるだけです。ほとんどの単元を教材研究することが必要でした。受験勉強で石灰水の化学反応は知っていましたが、大学の研究室では使用することなく、予備実験で恐る恐る確かめた後に、授業の理科実験で用いました。幸いなことに、学年主任の方が理科担当でしたので、毎日のように指導を受けることができました。

年齢不相応に知らないことが多くあり、経験もまったく不足していました。三十歳を過ぎれば、中堅教員としてしっかりと授業をこなして、さまざまな仕事をこなしていかなくてはなりません。この頃には、はやく年齢相応に仕事ができるようになりたいとの思いで一杯でした。努力をしないで三十代半ばになってしまったら、分からないこと周囲に聞くこともできないで、できないことが言えない、そしてやらない教員になってしまうだろうなと思いました。

戸惑いも多くありましたが、とにかく教材研究、授業、生徒指導、部活動（水泳部）と慌ただしく過ぎていきました。そんな中で教員採用試験の準備がおろそかになってしまいました。その夏の一次の筆記試験は不合格でした。四月に生まれた長男を抱えて、先の見えない生活になってしまいました。講師の任期は、次の年の三月末までした。妻にとって、辛い時期がさらに続きました。

(4) 教員採用試験に合格！ 教諭として着任

不合格の通知を受けた後、同じ轍を踏むことがないように、教員採用試験の勉強に取り組みました。講師二年目には、近隣の公立中学校に勤務することができました。講師も二年目ということもあってか、中学校一年のクラス担任を受け持つことになりました。この時には、クラス担任として充実感を味わうことができました。クラス対抗の行事では常に賞をとり、教室の黒板の上部には表彰状がずらりと並びました。学級の生徒達との歯車がうまく噛み合っていました。

勉強のかいがあり、夏には教員採用試験一次、そして最終合格になりました。四月からの赴任先は、最初に講師をした中学校と決まりました。ようやく安定した職に就くことになりました。

(5) 国立大学附属中学校へ異動

公立中学校での教諭としての仕事がスタートして、次第に仕事にも慣れてきた頃でした。校長から国立大学(現在は「国立大学法人」)附属中学校に行ってみないかとの打診がありました。年齢相応の経験がないことは分かっていましたが、受けることにしました。面接を受けて異動することになりました。

国立大学附属中学校に着任して、多忙な生活が続きました。当時の様子を妻が地方紙に投稿して、次の記事が掲載されました。

夫の転職で知った職業選択の現実

「今から次の職の面接に行ってくる」と夫の突然の言葉に、あ然と返答もなく見送った私。思い起こせば五年前、長男出産直前の大胆な行動に、不安が体中にわき上がりました。以前から、今の仕事は自分には合わないとひそかに理想を追い続けた夫の人生最大のかけでした。

次の職とは、民間企業とは畑違いの「教職」でした。正式採用でなく、期限付き講師です。一年間の期限で、夫はもちろん家族の一員である私も不安ながらの生活が始まりました。夏の受験の備え、講師と受験の日は厳しく、生後間もない子供の泣き声に気をつかい「何でこんなことに…」と夫に対する怒りと今後の生活の板ばさみ、どんなに嘆いたことか。一年目の夏に受験は失敗。「あきらめて就職探したらどう」の声も聞き入れず二度目の受験。幸い次の年も一年間の講師をすることができ、努力のかいあって晴れて「教員」の道を自ら得、歩めることになりました。

今年で教員生活四年目になります。時折「あの時、思い切ってよかった」と語る夫。夫の転職で、理想と現実の厳しさを思い知らされました。今、夫は教員を生涯の職として人の何倍もの努力に明け暮れる毎日です。（平成元年3月11日、神戸新聞「発言」から転載）

図 3-4-1　研究授業のようす

(6) 教育実践研究から途上国研究へ

国立大学附属中学校では、教育実習、教育研究の役割を担っていましたので、多くの仕事がありました。特に、教材を開発して授業に生かしていくということが楽しくて、夜遅くまで取り組みました。妻の理解があったからこそ没頭できました。

国立大学附属中学校での勤務で、ようやく年齢相応の経験ができたとの思いでした。このような取り組みの中で、教育研究への興味が湧き上がってきました。附属中学校での教育実践を他に活かせないかと考えるようになりました。

教育研究誌の中で、日本の教育経験を開発途上国の教育支援に生かす取り組みが取りあげられていました。「これだ！」と決めて、海外への赴任の道を探りました。しかし、当時は開発途上国へ行くことには前例がありませんでした。行政で生徒指導を担当してきた女性の管理職の方に相談しても理解を得られることはなく、むしろ反対されて厳しい状況に置かれました。その状況をバネにして学びを続け、夜間大学院で途上国研究を進めました。教員採用試験で経験したように、努力をすれば道は開けるとの思いを持ち続けていました。

附属中学校で担任したクラスの卒業生とは、今でも交流があります。五年毎に同窓会を計画して、それに誘ってくれます。また地元での忘年会、そして東京へ出張の時には、東京在住のメンバーで懇親会を持ってくれました。この中で、さまざまな生き方をしている卒業生と会うことができました。このような楽しい時を過ごすことができて、担任をしてきて本当に良かったとの思いで一杯です。

(7) ケニアでの国際教育協力

国立大学附属中学校での九年間の勤務を終え、また夜間大学院の修士課程も二年間で修了することができました。この間には、夏休みにフィリピン共和国で現地調査を

図 3-4-2　ケニアでの学校訪問

行い修士論文にまとめました。附属中にもっと長く勤務したいとの思いもありましたが、二人の子供が勤務校への入学を希望していました。そのようなこともあり、近隣の公立中学校に異動することになりました。

　附属中学校と公立中学校では、仕事の内容がずいぶんと違いましたが、だんだんと慣れていきました。そして大学院でもっと学びたいとの思いに駆られて、博士課程に進学しました。在職のままでしたので、中学校では学級担任や学年主任もしながら、大学院で研究を続けました。

　公立中学校に在職中には、県教育委員

会からの派遣で、ケニア共和国へJICA専門家として二年間赴任することができました。ケニアでは、現職理科教員の研修事業に参画しました。赴任当初には、現地の訛り(なま)のある英語に苦しみましたが、一年ほどすると現地の同僚とも親しくなりました。休暇の時には、友人の実家を訪問しました。また帰国後には、研修生として来日し、私の自宅にも招くことができました。このケニアでの生活は、何事にも代えがたい貴重な経験でした。

(8) 博士号の取得、そして大学教員へ

ケニアから帰国後に、博士論文の執筆に取り組みました。公立中学校の仕事をしながらでしたので、平日は早朝三時から出勤の七時までを論文の執筆に費やしました。博士論文「理科教員研修の指導と評価―ケニア理数科教育強化計画での実施」がようやく完成し、博士号の取得となりました。大学院修士課程に入学して、休学を含めて博士課程を修了するまで十年が経っていました。妻の協力があったからこそできました。

その後、私立大学へ異動することになりました。教育現場での教育実践と研究実績

が評価されたとのことでした。そこでは小学校教員養成課程の新設に四年間、そして大学院新設に二年間にわたって尽力しました。そして国立大学教育学部へ移り、さらには学内で新設の教職大学院へ異動となりました。そこで定年退職を迎え、新設の私立大学での勤務となりました。

(9) 良かったと思える道を歩むことができた

ケニアへ出発前には、公立中学校の卒業生が壮行会を開いてくれました。卒業生として見送った後に、このように接してくれることほど嬉しいことはありません。教師でよかったと心から言える時です。また結婚式に招いていただくこともありました。その卒業生は高校受験の頃をいつまでも覚えていてくれました。指導に厳しさもありましたが、ひとえに本人のことを思い接しました。

私はこれまで目の前にあることに一生懸命に取り組み、自分の思う道を探す毎日でした。その中で、多くの経験をして苦しいこともありました。担任をした学級がうまくいかないこともありました。決して平坦ではありませんでしたが、よりよい道を探すことを続けてきたとの自負があります。今振り返ってみると、教師になって良かったと思います。人生の後半になった時に、これで良かったと思える道を歩むことができたと確信しています。

（秋吉博之）

おわりに

本書は、日本各地で、場合によっては世界で教鞭を取る様々な立場の教員が、教職を選択肢の一つと考えている人達に、その素晴らしさを伝えようとする多様なメッセージから構成されています。具体的には、小学校、中学校、高等学校、特別支援学校など、教職に就いて感動した経験、教職の良さを実感した体験などを集積したものです。

豊富な実践に基づいた教育活動を行ってきた、もしくは行っている執筆者は十三名にもなりました。学校現場での教員生活をスタートに、現在、日本各地の学校でスーパーティーチャーとして活躍している教員だけでなく、学校管理職や教育委員会などの行政職、海外や国内の大学で教鞭をとる元教員から、自分の生き方を振り返って、熱いメッセージを読者の皆様に送ります。中には、社会人生活を学校以外から始められた方の経験もあります。いずれにしても、教職の厳しさを実感しながらも教職に就いて感動した経験、教職の素晴らしさを実感した体験などがつづられたものです。

原稿を依頼した人は、自分の研究室に在籍していた学生・院生であったり、長年親しくさせていただいていたりする方であったので、ある程度は、その人なりを知っているつもりでした。しかし、今回、一通り読んでいく中で、初めて教員としてのその人の思いや考え、積み重ねてきた経験などを知ったことが多々ありました。中には、思わず目頭が熱くなる執筆者の体験も少なくありませんでした。改めて教育の奥の深さが感じられたと言えるでしょう。

拙著『先生になりたいあなたへ』（協同出版）の「終わり」にも記したように、教職経験者としては、この時代、本当に教職を若い人達に進めて良いのか、戸惑うことがあるのは事実です。確かに本書を読んで、改めて教職の厳しさ、大変さを実感した人も多いと思います。逆にそれだけに、教職の世界の魅力を感じた方もおられたのではないかと期待しています。

最終的に教職に就くかどうか、どのような教員生活を送るかは、読者の意思決定に委ねられています。本書が、教職を真剣に考えている人への何らかの参考になれば、執筆者、監修者としてもこれ以上の喜びはないでしょう。
最後になりましたが、本書の刊行にあたっては小貫輝雄社長はじめ協同出版の方々にお世話になりました。特に編集制作部の諏訪内敬司様には深謝いたします。

執筆者を代表して、新たな時代「令和」の初めての年に

藤岡達也

〈執筆者紹介〉

川端清司（かわばた・せいじ）……………………第１章１
滋賀県彦根市立佐和山小学校教諭
綿貫一生（わたぬき・いっせい）…………………第１章２
神奈川県横浜市立南小学校教諭
川真田早苗（かわまだ・さなえ）…………………第１章３
徳島県吉野川市立牛島小学校教諭
山口小百合（やまぐち・さゆり）…………………第１章４
鹿児島県阿久根市立尾崎小学校教頭
阿部洋己（あべ・ひろみ）…………………………第１章５
福島県教育委員会義務教育課主任指導主事
渡邉美春（わたなべ・みはる）……………………第２章１
神奈川県藤沢市立大越小学校教諭
柳内祐樹（やなぎうち・ゆうき）…………………第２章２
滋賀県近江八幡市立八幡中学校教諭
鈴木庸介（すずき・ようすけ）……………………第２章３
静岡県立駿河総合高等学校教諭
福岡辰彦（ふくおか・たつひこ）…………………第２章４
石川県立七尾高等学校教諭
間々田和彦（ままだ・かずひこ）…………………第３章１
カンボジア国王立プノンペン大学教育学部客員教授
金子和宏（かねこ・かずひろ）……………………第３章２
新潟県魚沼市立第一上田小学校校長
秋吉博之（あきよし・ひろゆき）…………………第３章４
和歌山信愛大学教授

〈編著者紹介〉

藤岡達也（ふじおか・たつや）…**はじめに、第3章3、おわりに**

滋賀大学大学院教育学研究科教授。大阪府立大学大学院人間文化学研究科博士後期課程修了。博士（学術）。大阪府立公立学校教員、大阪府教育委員会·大阪府教育センター指導主事、上越教育大学大学院教育学研究科教授、上越教育大学附属中学校校長（兼務）等を経て現職。

著書『改訂版　先生になりたいあなたに』（協同出版）、『持続可能な社会をつくる防災教育』（協同出版）、『環境教育と総合的な学習の時間』（協同出版）、『環境教育と地域環境資源』（学文社）、『学校の危機管理読本』（教育開発研究所）、『教員の養成・免許・採用・研修』（教育開発研究所）、『絵でわかる日本列島の地形·地質·岩石』（講談社）、『絵でわかる日本列島の地震·噴火·異常気象』（講談社）、『理科教育法　第3版　理論をふまえた理科の授業実践』（大学教育出版）、他多数。

教職課程新書
今、先生ほど魅力的な仕事はない！
ISBN978-4-319-11042-1

令和2年1月20日　第1刷発行

編著者　藤岡達也 ©
発行者　小貫輝雄
発行所　協同出版株式会社
〒101-0054　東京都千代田区神田錦町2-5
電話　03-3295-1341（営業）
03-3295-6291（編集）
振替・00190-4-94061
印刷所　協同出版・POD工場